50歳から成功する長期投資

65歳で＋《プラス》3000万円

さわかみ投信株式会社
代表取締役社長

澤上 龍

Sawakami Ryo

幻冬舎

50歳から成功する長期投資
65歳でプラス3000万円

目次

序章　老後に備えつつ今を謳歌する50代

第一章

投資はしなくてもいいんです

第二章
65歳までに3000万円ためる！

第三章

「実体経済」を知れば、投資は決してギャンブルではない

第四章
50代からの長期投資十二箇条
これだけは知っておきたい

第五章

世界一ヘンな投信会社の挑戦

巻末付録 Q&A

構成　本郷明美
企画・編集　木田明理
カバーデザイン　山家由希
ＤＴＰ　美創

序章

老後に備えつつ今を謳歌する50代

自分の今行っていること、
行ったことを心から楽しめる者は
幸福である

——ゲーテ

折り返し地点の50代は投資適齢期

50代の皆さん、今どのような生活を送っていますか。50代というのは私生活でも仕事のうえでも、様々な面でひと区切りがつく年代なのではないかと思います。お子さんのいる人は、子どもたちもほぼ社会人を迎えたかどうかの年頃。時間的にも経済的にもだいぶ余裕ができたのではないでしょうか。

家を買っている人はローンの終わりも見えてくる頃です。すでに払い終えたという人も少なくないかもしれません。

会社員として勤務している人は、働き出してからほぼ30年、仕事上でのポジションも定まってくるでしょう。がむしゃらに働いた20〜40代よりも自由な時間が増えている人が多いのではないでしょうか。はっきり言えば「自分の限界」や「才能の伸びしろ」が見えてくる年代ではないかと思います。悔しい時、つらい時もありますよね。でもそれは悪いことではありません。自分の力を客観的に見ることができるようになり、定年後、人生後半についてリアルに考えられるようになるはずです。

また、定年を待たずに早期退職をする人が私の周りでもずいぶん増えています。早めに仕事をリタイアし、新たな仕事に挑戦する人もいれば、趣味やボランティアをしながら自分らしく生きていきたいという人もいます。

新たなことにチャレンジするなら50代のうちのほうがいい、という考えには大賛成です。もちろん「定年までは今の仕事をやり通したい」という決断だってすばらしいと思います。いずれにしても、自分で決断すること、自分の軸を定めることが大事なのです。

50代は人生を見直す時期と言ってもいいでしょう。

定年までに自分らしい人生を確立しよう

先日「日本経済新聞」（２０２３年12月23日夕刊）を見ていたら、こんな見出しが目に飛び込んできました。

「『リア充』50代、絶賛青春中」

仕事や私生活が安定し、ＤＪやスケートボードなどにチャレンジしたりマッチングアプリで出会いを求めたりと、今を楽しむ50代が増えているという記事でした。

もうすぐ50歳を迎える私としては、「それはそうだろう！」という感想でした。周囲の50代を見ても、50代に近い自身のことを考えても、体力も気力もまだまだ十分あります。そのうえ比較的に自由になる時間も増え、金銭的な余裕も出てくる世代。であれば、若い頃楽しんだ音楽やスポーツをもう一度、あるいは何か新たな趣味にチャレンジしたいと思うのは当然です。

ただ、記事の中で一つ気になる文章がありました。

「人生１００年時代で、まだ折り返しの50代。老後に備えるのではなく、今を謳歌する『リア充』の日常をＳＮＳを通じて発信する」

「老後に備える」ことと、「今を謳歌《おうか》する」ことが相反するように書かれていました。けれど私は両立することが十分可能だと考えます。50代こそが「老後に備えながら、今を謳歌する」のに最適な年代なのです。

ところで「老後に備える」と言うと、日本では即「節約⇒貯金」という印象が強いかと思います。しかし私はまず「どういう人生を送りたいか」を考えることこそが、「備え」だと言いたい。

そして、どんな人生を送りたいかをイメージできたら、必要な資金額もつかめてくるでしょう。その時にこそ「投資」を考えてみてほしいと思います。

ファンドの悪いイメージをインプットされた50代

「投資」「資産運用」と聞くと、「大金持ちのすることで自分には関係ない」と思う人も多いと思います。周囲を見ていると、今の20、30代は「つみたてＮＩＳＡ」などの宣伝効果もあり投資を身近に考える人も多いのですが、50代というのは投資に慎重、あるいはアレルギーを持つ人が多いように思います。

時代背景を考えると、今の50代は10代後半～20代半ばでバブル経済がはじけるという体験をしています。１９８９年12月29日、日経平均株価は３万８９５７円という史上最高値を記録。しかし１９９２年には不良債権問題が起き、日本経済は空前の好景気から「失われた20年」という言葉で表される長い不況へと向かうことになるのです。いわば日本経済の「天国」と「地獄」を見ている――。

50代に資産運用に対して慎重な人が多いのは、こうした出来事を間近で見てきたことも要因かと思います。

私たちのさわかみ投信株式会社は「さわかみファンド」を運営しています。ある時、「『ファンド』という言葉そのものに抵抗がある」と言う50代の人がいらっしゃいました。

「ファンド」とは投資信託のこと。たくさんの人々からお金を集めて運用資金とし、プロであるファンドマネージャーに運用してもらおうというものです。決して悪いものではなく、専門家が国内外の政治、経済、金融情勢などあらゆる情報を駆使《くし》し、有望だと確信した企業に投資する、出資者にとっては頼りになる存在です。

また、数千億円規模の大きな資金で運用するので、個人では買いにくい企業の株を持つことができたり、たくさんの企業に投資することでリスクの分散もできたりします。

そんなファンドという存在が、なぜ悪いイメージになったのか。

どうやら、2000年代前半に日本に現れた「ハゲタカファンド」や、一時期メディアを騒がせた「村上ファンド」のイメージが強いようです。彼らはたしかに、株主の権利を主張して、企業から根こそぎ利益を奪って自分たちの顧客にリターンを返すという方針です。それは顧客にそう約束し、「リターンするのが自分たちの責任」という考えだからなのです。

「さわかみファンド」も名前が似ているので、一時はよく「村上ファンドみたいなもの？」などと言われました。けれど、これは何度でも言っておきたい。彼らのようなファンドと「さわかみファンド」は考え方がまったく違います。もちろん投資してくださった人々へのリターンのために、私たちは全力で働きます。けれど、「ハゲタカ」のように、投資する企業から根こそぎ利益を奪った挙句に短期で株を売ってしまうような行為をすることは断じてありません。「本当によい商品やサービス」を提供する、社会にとって必要な企業を応援するのが投資だと考えています。長い目で見て企業を育て、投資してくださった人々も資産を増やし、その結果社会全体がよくなり、皆が幸せになるのが本来の「投資」なのです。こう考えると「投資」へのアレルギーが消えるのではないでしょうか。

「さわかみファンド」では投資してくださった人々を「ファンド仲間」と呼んでいます。一緒に投資する仲間、言ってみれば競走馬の「共同馬主」に近いかもしれません。競走馬に寄り添って応援し、賞金が出たらリターンを得る「仲間」なのです。

何をしたい？　そのためにいくら必要？

資産運用する人を見ていると大きく2パターンに分かれます。何のために資産運用しているかを「はっきり言える人」と「言えない人」です。

「言える人」は、たとえば「将来家族で世界一周をしたいので2000万円必要」「将来会社を辞めてカフェを開きたいので開業資金に1000万円欲しい」など、目的と金額が明確です。

「言えない人」に「ではなぜ資産運用をするのですか？」と聞くと、たいていは「将来が不安なので」と答えます。

こういう人は目的も金額もはっきりしないので、結局いくらお金がたまってもやはり不安な人が多いようです。そして「そのお金で何をしたいか」が明確ではないので、「上がった」「下がった」と相場に踊らされてしまうことが多いのです。相場に踊らされると、いつまで経っても結局「不安」から逃れられません。

ですから私は、投資を考えているという人には、まず「どう生きたいのですか？」とうかがうのです。

「どう生きたいのか」を考え、人生後半の自分のあり方を思い描いてみましょう。そのうえで投資を始めるのならば、私は「50代は投資スタート適齢期」だと断言できます。

私はよく、「20代にあるものは時間、ないものは経験。50代にあるものは経験とお金」という話をします。50年以上生きてきた経験値をもってすれば、投資を始めるのに遅すぎることはまったくありません。また、投資を「雪だるま」にたとえれば、これまでためた貯蓄を始めの雪玉としましょう。もちろん差はあるにしても、若い世代よりは大きいはず。雪玉が大きければ、雪の上で転がした時につく雪の量も当然多いのです。

ただし、初期投資はある程度貯蓄からお金をまわしますが、その後の継続的な投資は月収の5パーセントをおすすめしています。

または「自己投資」でもよいのです。「学び直し」という言葉も広く使われるようになりましたが、「私はこれから成長するんだ」と思うならば、何かを勉強する、資格を取るという自己投資もいい。あるいは旅をしたり、遊んだりしてもいいではないですか。それは自分への「投資」なのです。

要は「自分の大事なお金なのだから、どう使うかをしっかりと考えましょう」ということなのです。

もし50代のあなたが会社員なら、定年までほぼ10年というところだと思います。10年あれば間に合います。長期投資というのは「時間を味方につける」ことです。投資をしたら10年は見守っていていただきたい。ただ、「10年」とはっきり区切って考えると景気サイクルばかりが気になってしまいます。理想は「いつまでも待ってるよ」という心構えでいること、気持ちに余裕があることです。

10年を目安に、心静かに待てるかが長期投資のポイントだと思います。50代から始めて、10年経っても60代。人生100年時代ではまだまだ先は長い可能性が高いのですから、10年経ったらまた次の10年を見据えるくらいの気持ちでいるのが理想です。

支出の無駄を省いてみると自由になれる

先ほど、継続投資のお勧めは「月収の5パーセント」と書きましたが、その前にしてほしいことがあります。家計の無駄を徹底的に省いてみるのです。「いや、十分節約している」という人が多いかもしれません。けれど、私のこれまでの経験から「ほとんどの家庭にはまだ3割の無駄がある」と言えます。ではどうするのか。

生きていくために必要なものと、そうでもないものをしっかりと仕分けするには、まずお金を使った記録をつけて生活を振り返ってみましょう。何にお金を使っているのかを割り出し、絶対必要なものとそうでないものを振り分ける。「十分節約している」と思っていても、実はまだまだ無駄があるものです。食事は生きるために必要不可欠ですが、お酒などは絶対に必要というわけではありません。ただし、それは人それぞれでよいのです。

そこで3カ月間、徹底的に無駄を省いた生活をしてみましょう。すると、本当に必要なものが見えてくると思います。当たり前に使っているものを無理にでもやめてみたり減らしてみる。ただし、なくしたことによってストレスがたまって、かえって生活のマイナスになるようなものは復活させてよいのです。一度痛みを伴ってやめてみることで、絶対にいらないもの、どうしても必要なものが見えてくる。

私の場合、ビールは飲まなくても平気ですし、食事もおにぎり一つでいいくらいです。けれど朝のコーヒーとタバコはなくてはなりません。また、運動をしないと身体《からだ》の調子が悪くなって仕事にも影響が出るくらいなので、お金はかかってもスポーツは続けています。部下に聞いてみたところ、「我が家ではビールも必要不可欠です」と言いました。それぞれでいいのです。ビールが不可欠なのであれば、お菓子などほかの無駄を省けばいい。あるいは少し家賃の安いところに住む、タクシーは使わないなど、いくらでもできることはあります。

こうして家計を仕分けしてみると、およそ3割はなくても案外楽しく生きていけることがわかります。すると自動的に、無駄に使っていた分のお金が浮かび上がってくるはずです。

貯蓄、生命保険を整理してみる

自分のこれからの生き方をじっくりと考えたら、現時点での自分の資産を整理してみることも大事です。

貯蓄はいくらあるのか。また50代になると満期を迎える生命保険も出てくるのではないでしょうか。若い頃、職場に営業に来た生命保険の外交員に勧められ、わけもわからず加入した保険があるという人も多いでしょう。

亡くなった後、家族に保険金を残したいという人もいると思いますが、よく考えてみてください。妻や夫、子供にたくさんのお金を残す必要はありますか？　50代にもなれば子供も一人前です。たくさんの保険金を残すことが必須だとは思えません。満期であればもちろんですが、また満期でなくとも場合によっては解約して投資にまわすということも考えるべきだと思います。

私の場合、生命保険には加入していません。もちろん事故で相手の人を傷つけるリスクのある自動車保険、周りに迷惑をかける可能性がある火災保険などは入っていますが、自分が亡くなった時に保険金を残す必要性がないからです。

生命保険を整理したら、貯蓄も加えて、資産が今どれくらいあるのかを書き出してみます。

見えないことは不安を招きます。まずは、自分の資産を「可視化」しましょう！

「老後2000万円」はいったん忘れ、「65歳で3000万円」

「老後に必要な資金は2000万円」という言葉をよく聞きます。その要因は、2019年に「老後に2000万円の資金が必要である」という試算が、金融庁のワーキンググループから出されメディアに取り上げられたことです。この2000万円とは、厚生労働省の平均データから算出したものです。夫65歳以上、妻60歳以上の無職夫婦の収支は、収入月20万9000円に対して、支出26万4000円、毎月約5万5000円の赤字となるため、夫が95歳になるまでの30年間で約2000万円の不足になる計算です。

おかげで私たちの頭には「老後2000万円」という言葉がインプットされてしまったようです。

「2000万円貯めないと」という言葉を、20、30代の若い世代からも聞くことがあります。

こうした言葉を聞くと、本来なら将来したいことがたくさんあるはずの彼らが、まるで老後のために生きているようで悲しくなります。投信会社の代表が言うのもなんですが、20代から金融投資をしていると聞くと、私は若干怖い。

まず、若い世代には言いたい。
20、30代は自己投資を一番にすべきです。まずは力をつけて、自分という財産を増やすのです。もちろん早い段階から先を見据えて準備することは大事ですが、それは「稼ぐ力」をつけることに向けてほしい。自己投資は、たとえば語学、マネジメント術などを学ぶことによって、今の会社の中でスキルアップすることかもしれません。または将来独立することを想定して、副業を始めるという人もいるかもしれません。
繰り返します。若い世代はまず稼ぐ力をつけ、稼げるようになってから金融投資をすればいいのです。

では50代にとっての「老後2000万円」についてはどうか、考えてみましょう。だいたい日本人は何でも画一的に考えすぎです。地方と都会でも違いますし、農業をしていて食糧を自給できるなど、生活の仕方によっては2000万円も要らないでしょう。ただ、都市部で仕事を引退した夫婦が年金で生活していくという前提で考えれば、私は貯蓄2000万円でも足りないと思います。

昨今の物価上昇などを考えると、日本人の平均寿命、男性が約81歳、女性が約87歳まで生きるには3000万円くらいは必要なように思います。そのうえ、マネタリーベース（日本銀行が世の中に直接的に供給するお金）の拡大によって、さらなる物価高騰も予想されます。3000万円、いえ3500万円あっても不安が解消されることはないでしょう。

しかし、この「老後2000万円」問題には見事に欠けている視点があります。政府が投資を推奨し、新ＮＩＳＡ制度も施行されたというのに、「老後に資産を運用する」という前提がないのです。

「2000万円」という貯蓄を、いわゆる「切り崩す」前提でしか試算していません。だとすれば、2000万円あっても、3000万円あっても、不安が消えるわけはないのです。

銀行にただお金を置いておけば、インフレの下ではお金の価値はどんどん下がっていきます。対してお金を働かせていけば、65歳時点で3000万円あれば十分だと私は考えています。

「いやいや、2000万円でも難しいのに3000万円なんて」という声が聞こえてきそうですが、50代からお金を「働かせて」いけば十分実現可能です。

投資の勉強より「どういう人生を送りたいか」を考える

家族から「知識もないのに今さら投資なんて」と言われたという50代の人がいま

した。よく聞く話なのですが、こんな時、私はこう言います。「金融の知識は必要ありません。勉強はしないでください」。それよりも、「どういう人生を送りたいか」を考えることが大事です。そのうえで、投資は私たちプロにまかせてください。

50代と言えば、およそ30年は社会人として経験を積んでいます。多くの人は、日本や社会、もっと言えば未来に対して何らかの思いを抱いているはずなのです。では、自分はそこで何ができるか、何をしたいのかを考える。そうして社会とつながり、社会を考える方法論の一つとして投資があるのです。リタイアしたとしても、何らかのかたちで、できるだけ長く社会とつながっていたいですよね。それはボランティアなど様々な方法がありますが、私たちの考える「投資」もまた社会育成であり、社会とつながることだと思っています。

社会経験もあり、自分の人生もある程度見えてきて、不条理もわかったうえで「社会がこうなったらいい」と考えて投資をする。20代の若者よりも、こうした思いを込めた投資ができるのが50代なのです。

私たちさわかみ投信の基本は長期投資。投資したら最低10年、それ以降も「ゆったり待つ」くらいの気持ちでいていただきたいので、時間が何よりの味方です。若い時期に投資信託を始めるということは最大のアドバンテージですが、人生100年時代です。50代からでもまったく遅くはありません。

ただし、今から「投資の勉強」はしなくてかまいません。はっきり言えば、投資の世界で個人が利益を上げようとするなら相当量の勉強量が必要です。であれば仕事や自己研鑽《けんさん》など別のことに時間をかけたり、家族との時間を増やしたりするほうが断然いい。投資の勉強は私たちプロに任せ、皆さんは大切な時間を別のことに使っていただきたいと思うのです。

必要な額がわかったら、投資の世界をのぞいてみる

いかがでしょう。皆さんの「投資」のイメージが、少しは変わったでしょうか。投資に対して少し興味が出てきたら、たとえば私たちの会社のホームページをご覧になってみてください。投資信託会社としては一風変わっていると思います。私、澤上龍のコラム「先憂後楽」や「今さら聞けない投資のアレコレ」など、とにかく内容が幅広い。びっくりされることも多いのですが、投資信託とは「信じて託す」こと。私たちがどんな思いで投資先を選ぶのか、そしてどんな人たちが働いているのか、できるだけオープンにするほうがよいというのが理由です。なお、ほとんどのファンドは投資先を公開していませんが、私たちはファンド仲間にすべてオープンにしています。また、投資先の企業を知るためのイベントも設けています。

ホームページでもご紹介しているのですが、長期投資をすることで早期退職を実現し、ボランティアに取り組まれているファンド仲間の鈴木様をご紹介したいと思います。

鈴木様は、あるリース会社の営業マンでした。懸命に仕事に向かっていたのですが、42歳の時に勤務先が合併し社風がどんどん変わっていったそうです。定年までの自分のロードマップが見えていく中で、自分のこの先の社会人人生を深く考えられたと言います。

そして早期退職をするために老後必要額を計算し、「足りないお金を10年間で準備しよう！」と決意。以前から行っていた投資に加え、本格的に株式や投信をコツコツ購入していきました。さわかみファンドを始めたのは2004年の30代の頃。株式も投信も長く付き合えるものが理想だったようです。

42歳からの追い上げ投資で、お子さんが大学卒業間近の51歳の時に目標金額を達成。鈴木様は予定を1年前倒しで早期退職されたのです。退職後は「他人のために何か役に立つことをしたい」と考え、「フードバンク」の活動に取り組んでいます。日本では、賞味期限がずいぶん先なのに、途中で廃棄される食品ロスが年間600万トン余りあります。その一方でご飯を十分に食べられない生活困窮者は増えている。この二者の橋渡しとなるのが「フードバンク」です。

「コツコツ長期投資をしたおかげで、今こうして好きなことができています。メディアでは今回のコロナは100年に一度の危機と言われていますが、リーマンショックの時も100年に一度と言っていましたよね。若い人には『ビビらずに、多少のことでグラグラせずに、信じてつみたてを続けていればおじさんのような生き方もできるんだよ』と伝えたいです」と、鈴木様は言います。

若い人にももちろんですが、40、50代の人にもぜひ鈴木様の言葉を伝えたいと思います。鈴木様は30代から長期投資をしていましたが、定年までの10年間で資産をさらに増やすことができました。これは特別なことではなく、皆さんにも十分可能なのです。

お金を動かし出したら、自分も動き出した！

もうお一人、まだ投資を始めて1年ほどなのですが、「日常生活が変わった」と語るファンド仲間の自営業のYさん（55歳）からいただいたメールをご紹介しましょう。

「私は自由業でデザイナーをしています。仕事は順調、楽天的な性格もあって老後についても深く考えず50代を迎えました。貯蓄はありますが、老後2000万円と言われているのに、せいぜいその半分くらい……。今は仕事がありますが、年代的にも、これから仕事量を増やせるとは思えません。本当に気づくのが遅すぎて恥ずかしいのですが、50代半ばで急に不安になってきたのです。生活を見直しましたが、『節約しなくては』『貯金を増やさなくては』という閉塞感ばかりで、気分が暗くなって生活がつまらなくなってしまいました。

そんな時に友人からさわかみファンドを紹介してもらい、月々の『つみたて』から始めることにしたのです。

『さわかみ』のセミナーで話を聞いているうちに、『本当にすみません！』とまず謝りたくなりました。若い頃、『投資なんて考えるなら本業で稼げ』と先輩に言われたこともあって、私には投資やファンドに対して偏見がありました。一部のお金持ちや欲張りな人がするものという、あまりにも無知な考えでした……。

社会に役立つものや技術を生み出す企業に投資することは『社会育成』であり、皆が幸せになることなんだというお話に心から納得できたのです。そして、『様々な投資があるけれど、株は人間に投資できる唯一無二の投資先。その中でも、この企業を応援したい、この企業の商品がなくなったら困るという企業に投資しましょう。せっかく投資するなら思い入れましょうよ』という代表の言葉が、強く心に残りました。

55歳でも、65歳まで働くと考えれば、10年間はあります。『10年あれば大丈夫』

という言葉にも力を得て、つみたてを始めました。

自分でも驚いたのですが、投資を始めたことで日常生活ががらりと変わったのです。もちろんすぐお金が増えるわけではありませんが、前のような閉塞感がありません。目減りする一方の預金ではないので、私のお金が『動いている』という感じがするのです。

節約も心掛けていますが、やみくもにケチるのではなくメリハリがつくようになりました。安ければいいというのではなく、『高いけれどこの商品は応援したいから買う』『本当に好きなものにはお金をかけてよし』というように。一方で、これまで漫然と買ってしまっていた食べ物や飲み物などは『本当に要る？』と考え、『だったらその分のお金をあちらに使いたい』と頭を切り替えるようになりました。商品を買うことも『応援する＝投資』だと考えると日常がとてもおもしろい！

さわかみと出会えず、今も『貯金を増やさなくては』という気持ちだけで生きていたらと思うとぞっとします。不思議なことに、お金を動かし始めたら自分も動き出しました。仕事についても、まだまだ新たなことに挑戦しようと思えるようになったのです。旅もしたいし、以前から興味があった自然を守る活動もできないかと考えています。50代というのは若くはありませんが、何かをしようと思うのに遅いわけでもない年代だと捉えるようになりました。

さわかみさん、いろいろなことに気づかせてくださって、ありがとうございます！」

Yさんのメールは、とてもうれしいものでした。そうなのです、投資というのは社会とつながることなのです！　だからこそYさんは、少額ずつでも投資を始めることで、仕事や趣味の面でも本来のアクティブさを取り戻されたのではないでしょうか。

ファンド仲間には、Yさんのようにまったく投資経験のなかった人もたくさんいらっしゃいます。そういう人にも、私たちは「大丈夫。一緒に長期投資をしましょう」と自信を持って言えます。

では具体的にどうしたらよいのか。投資の考え方を、この本の中で皆さんと一緒に考えていきたいと思っています。

Column
1

私の日常　時間は万人に平等！

ほとんどの人は、収入に比例して支出が決まっていると思います。月に100万円稼ぐ人は当たり前のようにタクシーを使い、外食も多く、80万円くらい使うのかもしれません。もし100万円稼ぐ人でも「電車しか乗らないし、食べ物もこだわらない」というなら、お金はかなり余ることになりますね。

ですから、老後にいくら必要かというのも、現役時の収入に比例すると考えたほうがよいと思います。だからこそ、毎月のつみたて投資も私は「収入の5パーセント」を基準におすすめしているのです。もし、「急に貧しくなったとしても貧しいなりの楽しい生活を送れる」という人だったらお金なんて要らないんです。でも人間は習慣というものをなかなか変えられないし、付き合いや見栄もあるでしょう。だから老後に備えるのです。

日頃から無駄遣いを制限していれば将来に備えるのは簡単です。資産運用の極意中の極意は、「無駄遣いをなくすこと」なのです。ただ人間には、どうしても必要なものがあるものです。私の場合はサーフィンと、タバコ、コーヒーです。

その3つ以外は、私は相当に無駄を抑えていると自負しています。出張先の宿泊はビジネスホテルで十分、温泉が近くにあっても入りたいと思いません。食事もコンビニのおにぎりで十分。その土地の名物やお酒よりも、ホテルでの仕事の時間を優先します。社員やファンド仲間の皆さんと集まるのなら、わいわい話しながら楽しく飲みますが、それでも安い居酒屋で十分です。

新幹線や飛行機は普通席、タクシーはめったに乗りません。電車移動は、都内で移動するには一番早いし、本も読めるし、スマホもいじれるし、何より人間観察ができます。ただし、もしタクシーを使うことで1時間節約できるという時は、5万円払ってもかまわないと思います。時間は万人に平等、1日24時間しか与えられない。そのなかで、1時間どうしても捻出したいというなら5万円でも払います。

私にとって時間こそが最大の財産であり、1秒1秒削られていく命そのものです。したがって、無駄遣いをやめようというお話をしましたが、もっとも大切にしたいのは時間です。

お金に関して言えば、収入に見合った生活を送ること、つみたて投資などで老後に無理なく備えることで解決可能ですが、大切な時間は日々失っていくばかり。よって、そのような大切な時間を無駄にせず、投資はプロに任せる、すなわち「投資信託」はとても存在価値のある仕組みだと考えています。

また投資は誰にでも平等。お金には色がなく、誰もが投資を通じて世界の超有名経営者を雇うことができますので。そういった意味では、毎月の支出の大きい都心よりも地方に住み、その節約できた分を投資にまわすのが理想的かもしれません。

第一章

投資はしなくてもいいんです

私は株を買う理由を
1ページ書き続けられないなら買わない。
間違っているかもしれないが、
私はいつも理由を把握している

――ウォーレン・バフェット

インフレで預金は目減りしていく！

私は投資信託会社の代表なのに、よくこう言います。

「投資はしなくてもいいんです」

この言葉を聞くと、驚く人もいます。

けれど本当に「しなくてもいい」と私は思っています。

たとえば、「いずれは地方で農業をしながら暮らしたい」という人がいたとします。そういう人にとって投資は必要でしょうか。以前、鹿児島県を訪れた時、その地域の人々を見て「いい顔をしているなあ」と感じたのを覚えています。自然に囲まれ、野菜などを作り、食べることに基本的に困らないからだろうかと考えました。

そういう環境で暮らしているのならばお金はそんなになくてもいい。投資のことを考えるよりも、野菜の品種や効率的な栽培法などを勉強したほうがいいと思います。

ただ、自分はこれからどう生きたいのか、何をしたいのかを考えた時、たいていの人は「いくらくらいは必要だ」となるのではないでしょうか。

また、資産がまったくないなら考えることもないのですが、いくらかでもお金を持っているのなら、「そのお金をどこに置くのですか?」という問題があります。

皆さんは、どこに置いているのでしょうか?

日本人では、一番多いのが「銀行」でしょう。

2021年12月末時点、日本人全体で、実に約1037兆6000億円もの資産が「預貯金」として銀行に預けられているというデータがあります。

銀行は、成熟した社会においては、決済機能を果たす機関としては有効です。けれど、近年の預金利率を見ればわかるように、資産を増やす期待はまったくできません。しかも今、世界はインフレの経済ですから、同じ金額のお金でも実質購買力はどんどん下がっています。100万円預けたとして、5年後その100万円で以前と同じ商品は買えないのです。つまり銀行に預けておくということは、資産を実質的に減らし、毀損《きそん》していく行為なのです。それなのに、多くの人々はいまだに漫然と銀行に預けています。

「それでも銀行に置いておきますか？」と、皆さんにうかがいたい。日本人の多くはこうした事実を知りながらも銀行にお金を置いて、みすみす価値を下げてしまっています。お金を捨てているのも同じなのです。

だったら、「せっかくですから、大事なお金を働かせましょう」というのが投資の考えです。後で詳しく述べますが、私は投資に特別な勉強は必要ないと考えています。まず大事なことは「生活のリズムに投資を入れること」です。月々3万円、いえ1万円でもよいのです。私は「月収の5パーセントを目安にしてください」とお伝えしています。

まずは「お金に働いてもらう」ことです。

「今から投資して間に合いますか？　遅いのではないですか？」という50代以上の人の質問をよく聞きます。けれど、あなたはこれから何年生きますか？　わかりませんよね。すぐに死ぬなら投資などしなくていいでしょう。けれど80歳、いえ90歳、

100歳まで生きる「リスク」もあるのです。生きている限り、お金をただ寝かせておいて、実質的に目減りさせてもいいのですか。

人はいつ死ぬかもわかりませんし、いつまで生きるかもわかりません。さわかみ投信のファンド仲間には、90代で投資を始められた人もいらっしゃいます。

それでも銀行に置いておきますか？

銀行に預けたお金は目減りすると言いました。それでも、「銀行に置いておけば安全だから」と思う人もいるでしょう。しかし「銀行が安全」というのは大間違いなのです。

まず「預金」という言葉が間違っています。皆さん、この言葉のおかげで銀行にお金を「預けて」いると勘違いしていますが、実はお金を「貸している」のです。

銀行は公的な機関ではなく、あくまでも民間の法人です。皆さんから「借りた」お金をさらに貸すことで利益を得ています。企業への融資、個人向けには住宅ローンや国債を扱うこともあります。では銀行は、お金を貸している相手が払えなくなったらどうなるかを考えたことはあるでしょうか。

銀行からお金を借りている企業が破綻《はたん》すれば、銀行は融資を回収することができません。１９９０年代前半に、バブルがはじけた後の銀行は、約１００兆円もの不良債権を処理する事態に追い込まれました。これと同じことが今後も起こる可能性は十分あるのです。

もっと言えば、今やネット銀行、ネット決済が当たり前になり、既存の銀行の経営も盤石《ばんじゃく》ではありません。以前は街なかに当たり前にあった有人の支店が、どんどん閉められているのを目にしていると思います。

ＬＩＮＥやPayPayといったアプリでも、簡単に送金ができる時代。さらに銀行経営は厳しくなっていくと予想できます。

とは言え、「ペイオフで1000万円までの普通預金は守られるはずでは」と言う人もいるでしょう。しかしペイオフ制度も盤石ではないのです。日本人の預貯金総額は1000兆円を超えています。ペイオフというのは、銀行が破綻した場合、預金保険機構から預金者に支払われる制度ですが、その原資金はわずか5兆円にすぎません。

もし多くの銀行が次々と破綻したら……。5兆円ではまったく足りないのです。

「でも、そんなに簡単に銀行は破綻しないはず」という思い込みがあるのではないでしょうか。それは銀行の安全神話にすぎません。

最近のアメリカでも、実際に銀行が破綻した例がありました。2023年3月、アメリカのシリコンバレーバンク（以下、SVB）が破綻したのです。SVBはシリコンバレーにおいてスタートアップ企業や起業家個人への融資を中心に営業していました。

2023年、SVBには、購入していた米国債の金利上昇に伴って18億ドルの損失が発生しました。「ＳＶＢが危ない」という噂《うわさ》が流れ、取り付け騒ぎが起こりました。さらにＳＶＢがバランスシートを補強するため、株式売却を行うと発表すると、株価が62パーセントも下落。このニュースを受けたベンチャーキャピタルが、ＳＶＢの顧客に対して預金を引き出すよう提案し、取り付け騒ぎが加速したのです。

その結果、２０２３年3月10日、ＳＶＢは破綻しました。

日本経済は今、コロナ禍で始まったゼロゼロ融資の返済が滞り始め、不良債権化しています。銀行経営はとても厳しい状況です。

すべてではありませんが、破綻する銀行が多数出てきたら……、たった5兆円では、カバーできるはずがありません。

銀行は安全、元本保証ありというのを１００パーセントは信じないほうがいいでしょう。

自己投資でも遊びでもいい。お金を「働かせる」

こんなにも金利が低くてリスクもあるのに、日本人の金融資産の半分以上がいまだ銀行に置かれていることが、私にはもどかしくてなりません。

ですから、私は何度でも言います。みすみす価値が目減りしてしまうのに「銀行に置いておく」のではなく、お金を「働かせましょう」。

では具体的にどうする？　という問題です。皆さんの頭に真っ先に浮かぶのは、「投資」という言葉でしょう。ただ、投資とひと口に言っても様々な手段があります。

金《きん》、不動産、債券、為替《かわせ》、ビットコイン……。金は今の世界情勢を見てもわかるように、戦争が起きても安全な資産としてとても人気があり、価格も上がっています。

ただし、金自体に価値はありません。言い方を変えると、金はものを生み出さないし、いつまで経っても「金」という物質のままです。相場で上がったり下がったりするだけで、価値を生み出すわけではないのです。そういう意味では、為替も債券もビットコインもほぼ同類です。それに比べて株は唯一無二の、この世に「価値」を生み出す投資なのです。

金、不動産、債券……株は唯一無二の「人への投資」

株式についてあらためて考えてみましょう。

株式を買うということは、その企業の株主、つまり所有者になるということです。ただし多くの大企業では株主は直接経営を行わず、取締役会など経営陣に経営をゆだねます。株主が一斉に集まり、経営に対して意見を言えるのが「株主総会」というわけです。

株式は自由に譲渡できるため株主が頻繁に変わることもあり得ます。場合によっては、目先のリターンしか見えない株主から難しい要求が来ることもあります。そうすると、本来その企業が持っている強みが損なわれたり、安定した経営が難しくなったりしてしまいます。

逆に長期で株を保有している株主が多い企業は、じっくりと将来を見据えた経営ができるのです。

企業への投資とは、企業の経営陣や従業員、つまり「人」への投資ということになります。彼らは努力をして、この世界に新しい技術や商品を生み出すことができる力を持っています。この世界に価値を生み出し、増幅することができるのです。もちろん逆に怠けたり、失敗したりもします。けれど私たちはじっくりとその企業、人を見たうえで投資します。

株に投資することは、人と、社会とつながることなのです。

「投資」の本質は気長に待つこと

私は、株式投資とは社会とつながることであり、社会貢献、または社会育成だと考えています。

さわかみ投信では、社会にとって役立つ商品、毎日の生活に欠かせない商品、地球環境の未来のために必要な技術などの基準で投資先を選んでいます。「この会社は、いい仕事をしている。いい製品を作っているな」と思える企業です。

新たな投資先についてはアナリストたちが候補を出し合い、ディスカッションをし、企業を訪問するなど、投資が決まるまで場合によっては3、4年かかることもあります。

そして一旦投資を始めたら、長期にわたって保有することが原則です。株を長期保有することで、企業は安定して本業に専念できるのです。

企業には個別の事情があります。いくらすばらしいものを作っていてもビジネスがうまくいかない時もあるし、または新商品の開発など勝負をする際は一時的に資金が少なくなる時期があって当然なのです。企業の将来、長期的な経営を考えたら、むしろそういう先行投資をする時期がなければなりません。

未来のためにどんどん投資しているのに、ある時期の業績だけを切り取って「業績が悪い」と言って株を手放してしまう人がいます。こうしてその株が投機目的の人たちにわたったら、その企業の本来守るべき方針がねじまげられてしまうかもしれません。結果的に、なくしてはいけない、すばらしい商品がこの世から消えてしまうかもしれないのです。

私は投資とは子育てと同じだと思っています。子どもの成長を明日、あさって、3、4年で求める人はいませんよね。ある時期には悪さをしたりするかもしれないけれど、親は必ずよい大人になってくれると信じて子育てをするのです。たとえばある夢に向かって、家にこもり、必死になって勉強をがんばっている子供に親が「お前には無理だ」などとは決して言わないでしょう。

本当なら、株主も同じでなくてはならないのです。今は花開かなくても、未来に向けて必死で努力しているなら、その努力が実を結ぶのを気長に待つのが投資なのです。

儲けばかり気になる「投機」、価値を高める「投資」

「投資なんて危ないからやめなさい」という言葉もよく耳にします。また「投資の話」と言うと、「世の中にうまい話があるわけがない」と反応されることもあります。

けれど、私たちに言わせれば、こうした言葉は「投資」と「投機」を完全に混同しているのです。

投資とは「社会的に役立っている」「いい商品を作っている」と思う企業の株を

持って株主となり、長期にわたって保有することです。株を持つことが、企業を育て、商品やサービス、あるいは企業の文化を守ることにつながるのです。多くの株主が長期保有することで、マネーゲームを目的とした買収などを避け、安定した経営ができるのです。

対して投機は、機会に乗じて短期的に大きな利益を得ようとする行為のことです。当然、常に相場を見て、株を激しく売り買いすることになります。

株を安い時に買い、高い時に売れば当然儲《もう》かり、場合によっては莫大な金額を得ることができるかもしれません。ただ、このような取引は博打《ばくち》のようなものですし、儲け続けることは投資のプロでもとても難しいものです。プロが世界の経済状況を把握し、企業情報をつかみ、それでもうまくいくかわからない。素人がまぐれで儲かることはあっても、安定して儲けるのは無理だと考えてください。

また、企業側から見ても投機的な株の売買は好ましくありません。株価の乱高下は企業イメージを損ねますし、もし多くの株が前章で触れた、いわゆるハゲタカフアンドのような集団に買われたとしたらどうなるでしょう。そこまで極端ではなくても、秒単位で変わる株主にオーナー意識はまったくなく、儲けばかりに目が行きます。すると企業側も自ずと短期での成績を求められるようになってしまうのです。

じっくりとした経営、商品開発ができなくなり、目先の利益を株主に提供することが目的になってしまいます。その株主たちもすぐに株を売ってしまうため、気づいた時には、その企業は、企業文化も、愛されていた商品も失って倒産……ということにもなりかねません。

投機は企業の価値を損ねる可能性が高いのです。

投機をする人も、お金儲けに魅入《みい》られ、気づけば多額の資金をつぎ込んでいたという話もよく聞きます。投機はギャンブルだと言っていいでしょう。

こうした、リスクが高く短期で大儲けしようとする「投機」と、長期にわたって株を保有して資産を増やそうとする「投資」はまったく別ものと考えてください。

投資は決して「危険」でも「うまい話」でもありません。じっくりと企業を、日本を、あるいは世界を応援し、お互いに幸せになろうというものです。

投資信託の仕組み（運用会社が倒産しても資産は守られる）

「でも投資信託だってリスクはあるでしょう？」という声を聞きます。もちろんその通り、投資にノーリスクはあり得ません。ただし、よく誤解されるのですが、もし私たち投資信託会社が倒産しても、お客様の金融資産がゼロになることはありません。皆さんが買った株はそのまま守られるのです。

投資信託の仕組みをできるだけわかりやすく説明しましょう。

皆さんは販売会社（証券会社等）を通じて投資信託（ファンド）を買います。そうしてファンドに集められたお金は、運用会社を通して市場にて株式等へ投資されます。ただし、私たちさわかみ投信は、日本で独立系として初めて販売会社と運用会社が一体化した会社であり、運用と販売の両方を行います。これを直販投信と呼びます。

では、皆さんから預かったお金はどこにあるのでしょう。さわかみ投信の場合、2024年3月18日現在、約4300億円の運用資金をお預かりしています。このお金が、弊社の金庫にずらり！……ということはありません。運用会社がお預かりした資金は、受託銀行、一般的な名称では「信託銀行」が預かることになっているのです。

私たち運用会社の仕事は、信託銀行が預かっているお客様の運用資金を増やすため、株式などの金融商品を、いつ、どの銘柄を、どれだけ買うかを信託銀行に指図することなのです。

これを「指図権の行使」と言い、さわかみ投信を含む運用会社は、この指図権のみを有している会社ということになります。

購入した株についても、運用資金と同じように信託銀行に預けられます。しかも、こうして預けられた運用資金や株については「分別」と言って、信託銀行の財産とは厳重に区別され保管されるのです。

イメージとしては銀行の貸金庫が近いと思います。貸金庫のカギはお客様ご自身が持っていて、銀行側ではその中身には触れず本人のみがアクセスできる。それと同じように、信託銀行に預けられた運用資金と株式は、指図権のある運用会社だけが動かせるというわけです。

そして万が一運用会社が倒産したり、信託銀行が破綻したりしても、株と運用資金はお客様に返却されることになっているのです。指図する運用会社、または預かっていた信託銀行がなくなるだけで、株自体はそのまま存在するのです。

「預金は安全」「投資は危ない」とは一概に言えないことがわかると思います。

「アメリカの株を買ったほうがいいですか？」よくある質問への答え

「よい投資」という言葉が適切か、意見は様々あると思いますが、私が考える「よい投資」について書いてみます。

投資を人生の伴侶《はんりょ》と考えてみてください。たとえば金に投資したとします。相場に対しては「売るかどうか」以外、何も関与できません。その価格は世界の需要と供給の関係で決まるだけです。

対して株式投資はどうか。

私たちはしっかりとその企業を、人を見てから投資します。本当に社会にとって必要なサービスや商品を生み出しているか、いい技術を持っているか、などを、時間をかけて見極めます。

投資家がその企業を応援する気持ちを込めて投資したことに対して、経営者たちは「応援してくれている。自分たちはこのままの理念でやっていけばいいんだ」と力を得るはずです。賛同を得られることによって、応援されていない企業よりもずっとやりやすくなるし、信じた路線を進めると思うのです。もちろん運や社会情勢もあるので、いつも経営が安定しているとは限りません。けれど本当にいいサービス、社会に必要な商品を提供している企業なら、長い目で見れば成功する可能性は高いはずです。

私たち投資家が実際に声を届ける、あるいは商品を買うなど応援をして影響を与える、つまり関与できる投資は株式だけなのです。

最近よく「オルカン（全世界株式型の金融商品）の株を買ったほうがいいですか？」などと聞かれます。

私は「ギャンブルとしてはおもしろいかもしれません。けれど、それはあなたの力が一切及ばない世界なので運でしかありません」と答えています。

そして、もう一点大事なことを言わせてください。

よい投資は金融投資に限りません。私は自分への投資もすばらしいことだと思います。勉強や資格取得、習い事、スポーツなどの趣味でも、おしゃれでもかまいません。それで自分が成長する、輝くなら、りっぱな投資です。若い頃はもちろんですが、いくつになっても自分に投資する気持ちも忘れないでいただきたいと思います。

日本の未来を憂えるなら「思い入れ投資」を

長年がむしゃらに働いてきた50代くらいの人から、「資産作りもしたいが、社会や地域に役立ちたい」という思いをよく聞きます。これまで子育てや自分の仕事で必死にがんばり、経済的にも時間的にもやや余裕ができた時、「何か人の役に立ちたい」という気持ちになることは、とてもよくわかります。

資産作りも、社会貢献もしたい。こうした気持ちは一見相反するようですが、株式投資によって十分両方かなえられます。

私はこうした50代前後の中高年層の人にこそ、投資信託を考えてほしいと思います。若い時代は自分自身に投資して夢を追ったり、「稼ぐ力」をつけたりするべき。そして「稼ぐ力」をつけた中高年層こそが投資を考えるべきだと思うからです。

ただし言っておきたいのは、若い世代にはたっぷりある「時間」というアドバンテージがない、ということ。だからと言って決して焦らないでいただきたい。「投機」などとんでもないですし、失敗が許されない中高年層だからこそ、一度や二度の暴落に負けない再現性のある長期投資を選んでほしいのです。

経験を積んで、しかも「何か社会に貢献したい」という思いがある50代だからこそ、せっかく投資するなら「思い入れ投資」をしていただきたいのです。人生100年時代における50代。まだまだ仕事もできるし、社会の中枢にいる一方で、次世代について憂慮することもあるでしょう。環境問題、人口減少、日本経済……。いったいどうなるのか。こうした思いを投資に込めるのです。

せっかくなら、子供や若い世代が「かっこいい」と思い、お手本にするような投資をしませんか。今、子供への「金融教育」が盛んに言われていますが、大人がかっこいい投資をすることが一番の金融教育だと思います。

アメリカ経済がよいと聞いて、見知らぬアメリカ企業の株を買ったり、トルコの通貨リラが伸びていると聞いてリラを買ったりするのは、私はかっこいいとは思いません。何も思い入れがなく儲けだけを考えているからです。

私がかっこいいと思うのは、日本や世界の未来、次世代のことを考えた、思いを込めた投資です。未来に残したい商品を作る企業、環境問題や災害に役立つ技術や商品を生み出す企業、「社会のためにも応援しよう！」と思わせる企業が社会にはたくさんあります。

もちろん、個人でこうした企業を見つけて投資することも可能です。ただし、個人の出資額には限度がありますし、忙しい人が日々情報収集をするのも大変です。

だからこそ、私は、プロが徹底的にリサーチし投資先を決める「投資信託」をおすすめするのです。

投資は景気が悪い時にこそ始めるべき

今、東京株式市場の日経平均株価が、2024年3月1日に史上最高値を更新し、3万9910円をつけ、その後4万円台を記録するなど高騰しています。そして「新NISA」開始などの背景もあり、投資を始める人がとても増えています。ニュースがバラ色の好景気を伝えるし、証券会社などはここぞとばかりに広告費をかけてたくさんのCMを流すので、当然でしょう。

けれど私は、もしこれから投資を始めるという人がいたら、「景気が悪い時、もっと言えば株が暴落している時に始めるべき」とアドバイスするでしょう。

景気が悪くなると株式市場はどうなるかと言うと、多くの投資家は逃げます。逃げたことによってどうなるかと言うと、多くの企業の株価は下がります。しかし、これは企業の真の価値が下がっているわけではありません。世の中に必要な商品を作り、しっかりとしたビジョンを持っていても、市場の動きによって株価が暴落することからは逃れられないのです。

多くの投資家たちは「ロスカット＝損切」と言って、たとえば「10パーセント損したら、その時点で売ろう」というように決めているのです。私は個人的に、こういう投資家はホンモノの投資家だとは考えておりません。友だちが何か困っている時に平気で見放すのと同じことだからです。

暴落は株のバーゲンセール

では、私たちならどうするか。いい企業の株価が下がっている、暴落の時にこそ株を買うのです。これは当然と言えば当然です。たとえば、好景気の時は1株5000円だった株が1000円になっていたら絶対に欲しいですよね。もちろん、その企業のことをよく知っているという前提条件付きです。暴落とは、その企業に力があって、いずれはまた株価が上がると信じられるなら、とてつもないバーゲンセールなのです。

これから投資を始めるなら暴落の時にこそ始めるべき、という意味がわかると思います。暴落の時こそ、少ない投資でリターンを増やすチャンス。さわかみ投信の多くのお客様は、この理屈がわかっているので、暴落の時こそニコニコとスポット買い（投資信託を好きなタイミングと金額で一括買いすること）をされています。

逆に企業から言えば、安く買われてしまう危機でもあります。株主になる人たちによっては企業理念も何もかも破壊されてしまう可能性もある。だからこそ私たちは買い支えたい。企業を支えるチャンスでもあるのです。友人だったら落ち込んでいる時にこそ寄り添うべき。しかし、一般の投資家とは楽しく浮かれている時だけ寄り添うのです。そして調子が悪くなったら逃げる……。そんな投資は、さわかみ投信は絶対にしないと誓えます。企業も人間も一緒です。辛い時にこそ応援するべきなのです。

世界は平均4パーセント成長
～人口が増えれば経済も成長する

とは言え、不景気で株価も下がっている時に投資は始めづらいですよね。でも、じっくりと長い目で見るならば暴落は恐くありません。かつては世界恐慌、現代でもＩＴバブル崩壊、リーマンショックなどがありました。でも今の市場を考えてみてください。こうした暴落が来るたびに「１００年に一度」と言われますが、いずれも株価は10年くらいで回復しています。

なぜ回復できるのでしょうか。それは、日本は人口減少していますが、世界的には人口が毎年増えているからです。経済というのはある程度人口動態に依存します。世界の人間がものやサービスを欲している、そしてその人口が増えている限り、経済は膨張するのです。

「金は天下のまわりもの」と言います。これは本当に経済というものを捉えていて、すばらしい言葉だと思います。お金は、使う人から人、企業から企業へとグルグルとまわるものです。もしどこかでストップしてしまえば、循環するお金の量は減ってしまいます。

経済の動きを示す方程式は「お金の総量×まわる速度」です。経済状況は、いくらお金の総量があっても速度、つまり消費が少なければよくなりません。お金の総量、給与や賞与、さらに政府や自治体からの特別給付金や手当などを増やしても、消費しなければ景気はよくならないのです。

日本の場合、高齢者が将来への不安から平均2000万円以上の貯蓄（70歳代以上、2023年）を抱え込んでいるのが問題になっています。それだけのお金が動かないことが、経済が活性化しない要因です。こうした高齢者がすべて貯蓄するのではなく、適切な額を投資にまわすことで不安が減っていく。その結果として、お金を使うことが経済活性化につながると私は考えています。すべて貯蓄を「切り崩して」生活していくというプレッシャー、物価高で目減りするという不安が投資によって減るからです。お金は人から人へ、企業から企業へとまわっているわけですから、結局は自分のもとへ戻ってくると考えられるのです。

私の父、澤上篤人が1970年代のヨーロッパで体験したエピソードを紹介させていただきます。

とある欧州の空港で、スイス人の銀行マンが空港のポーターに小さなカバンを運んでもらい、当時の日本円で500円程度のチップを渡したそうです。父はまだ若かったので、不思議に思い「なぜそんな小さな荷物にチップを払うんですか？」と聞いたそうです。

するとその銀行マンは「お前はバカか？　これがお金をまわすことだ」と答えたと言うのです。ポーターに払ったお金はどこかで使われ、社会をめぐります。つまり、いつか自分にもまわってくるのです。

皆さん、景気をよくしたいと思うなら健全にお金を使いましょう、と言いたい。「健全に」と付けたのは、ただやみくもに「使え」というわけではないからです。今この本を読んでおられる人は、ほとんどが日本に住んでいる人だと思います。であれば、あなたは日本経済の一部です。日本経済を活性化したい、また質をよくしたいと思うなら、自分が本当によいと思うもの、なくなってほしくない個人商店のものなどにお金を使うのです。企業や店を応援する感覚と言ってもいいかもしれません。

その応援はいずれあなたにリターンされるでしょう。何より、あなたが社会とつながっているという充足感につながると思います。

「おトク」好き、一度やめてみませんか

人間はどうしても「おトク」が好きです。特に日本人は、1円でも安いものに向かいがちです。ふるさと納税、ポイント、「おまけ・粗品文化」などを見てもわかります。こうした「おトク好き文化」が、日本のデフレにつながっていったと言ってもいいでしょう。

「少し高くてもよいものを買う」「いい商品だから応援する」のではなく、「おトク

だから買う」……。その結果、いい商品を作っていても価格競争に敗れてしまう、という企業の例も多々あります。

また「おまけ文化」で言えば、企業の株主優待制度もそうです。株主優待というのは日本独特の制度で、海外ではあまり例がありません。株主へのサービスとして自社商品を試してもらう、あるいは割引で利用できるなどならまだわかるのですが、まったく関係のない商品を進呈するところも多いのです。一時、とても多かったのは「QUOカード」でした。

そんなことに意味があるのでしょうか。会社の大事なお金を使うならば、いい商品を作るなど経営のために使っていただきたいと思います。

株主もこうした目先のサービスや景品ではなく、長い目で見た場合にそのお金を役立ててほしいと発想を切り替えてほしいと思います。

少し高くてもよいものを買うことが、自分の生活の満足度も質も上げることになり、またその企業を応援することになる、と思うと幸せな気持ちになりませんか？

逆に「おトク」好きはまわりまわって不景気につながり、結果的には自分の首を絞《し》めることになるかもしれないのです。

日頃から意識して、「おトク」好きを一度やめてみてはどうでしょう。

Column 2

財テク指南ではなく本当の金融教育を

この20年ほどで、日本政府は本格的に「貯蓄から投資へ」と、国民の背中をかなり強く押していると感じます。NISAもその一端ですね。「リスクは取らせない、預貯金が最高」というところから、「預貯金だけではもう無理なので、投資しましょう」という流れになりつつあります。

2年前くらいから、学生への金融教育も始まりました。ただ、その中身にはおおいに問題ありだと考えています。

金融教育を推進する人たちと、たまたまお話しする機会がありました。話を聞くと、この成熟した日本という国で、「いかにお金と上手に付き合うかが金融教育の骨子」というような内容だったのです。けれど、本来学生たちに教える金融教育というのは、どうやって国家を含めて成長させられる人材になるか、あるいは未来を明るくするためにどうすべきかというような、前向きな話であるべきだと思うのです。

しかし彼らの話は、「低成長で天井がわかっている経済状況で、いかに上手にお金を増やすか」というような内容なのです。これは金融教育とは言わない、「財テク」のような話ですよね。私はがく然としてしまいました。こういう話を聞いて育った学生たちの中から、決して「大谷翔平」は生まれません。夢や希望を育まないからです。「できるかわからないけど挑戦したい」「世界一になりたい」という学生ではなく、「上手に生きよう」という小賢しい学生ばかりになってしまう。下手な金融教育は、極端に言えば詐欺師さえ生む恐れがあると思うのです。

本当の金融教育は、まず人生観、「人生をどう生きたいか」を考えさせるべきです。そのうえで、お金とどう付き合うか、「経済って何?」「お金って何だ?」という話をしていく。かっこいい人生とは、かっこいいお金の稼ぎ方とは何かをなぜ話さないのでしょう。例えば、「お金というのは人に喜んでもらった感謝の対価である、だから人に貢献できる人材になろう」という話が大事なのに、いきなり制度や金融テクニックばかり教えている。私は、日本の金融教育は早急に見直すべきだと考えています。

そうしないと、日本は夢も希望もない子供たちであふれ、日本経済はだめになってしまいます。夢を持って失敗を恐れず、革新的なことに挑戦し続ける人や企業があってこそ社会の成長があるのです。

第二章

65歳までに3000万円ためる！

人間には志というものがある。
この志の味が人生の味だ

――司馬遼太郎

何度でも言います。あくまでも「自分軸」で「したいこと」を見据える

第一章までをお読みになっていかがでしょう。少しは「投資」へのイメージが変わって、ハードルが低くなったでしょうか。「よし、投資を考えてみるか」と思った皆さんと、これから具体的にどうしていけばいいかを考えていきたいと思います。

まずは前章でも述べましたが、世間で言う「老後2000万円」などという数字に振り回されず、自分にとっていくらくらいあればいいのかを考えてみてください。

家はすでにあり、趣味は読書や音楽鑑賞でそんなにお金はかからない、という人なら、年金プラス毎月数万円でよいという場合もあるでしょう。こうした人なら2000万円も要らないかもしれません。あるいは、「私は老後、憧れの旅行三昧《ざんまい》をしたい」「大好きなコーヒーの専門店を開く」などの夢がある人はもっと必要でしょう。おおまかでよいので、必要なお金を計算してみましょう。

投資はあくまでも、「したいこと」を見据え、「自分軸」で考えるものです。目標は誰でも好きなように設定できます。60歳で2000万円でも80歳で3000万円でもかまいません。

実は、今年夏に弊社のWEBサービスをリニューアルして、長期投資をされるファンド仲間が「ここがあなたの目標です」と設定できる仕掛けを作ります。私たちは皆さんに、あくまでもゴール、目標を軸に投資をしてほしいのです。だからこそシステム上で「今どうすべきか」を一緒に考え、伴走できる、人間として付き合えるようなサービスを実現させます。目標を踏まえたうえで「いいペースですよ」「少し遅いです」というように、その人に寄り添います。逆に「相場を追いかけすぎないでください」というように注意を促す場合もあると思います。相場の数字に踊らされてしまい、予定以上の資金をつぎ込み生活に支障をきたしてしまう人が一定数いるからです。

本当に目指すところからブレないようなアドバイスをできる、そういう存在でありたいのです。

私は、自分たちの立ち位置を表現する際に「投資のパーソナルトレーナー」だと説明することもあります。

「半年後に10キロやせたい」という人がいたとします。まず「なぜやせたいの？」と尋ね、「健康的になってモテたいから」という人には、「では筋肉量も増やしましょう！」とアドバイスする。

同じように、目標を見据えてその人と一緒にプロセスを歩むのが私たちの仕事です。もし「65歳で3000万円」を目指すとしたら「一緒にがんばりましょう」と伴走する。多くの金融機関は、何が目的なのか、その人の将来などまったく関係なく「今は1890万円です」などというデータを出すだけでしょう。それだけなら機械にもできますが、私たちは人として、人に寄り添う投信会社でありたいと考えています。

今1000万円あるなら、一括がいい？　分割がいい？

40、50代であれば、貯蓄のうち1000万円くらいを投資にまわせるという人も少なくないかもしれません。

「じゃあ1000万円いっぺんに振り込みます！」という威勢のいい人もいるのですが、私たちは状況をうかがい、たとえば現在なら60分割をお勧めしています。

「もう50代だし、時間もないから早いほうがよいのでは？」という質問もよく受けるのですが、焦らないでください。今は株価が高い時期で、たとえば2024年3月1日には日経平均株価は史上最高値の3万9910円をつけています。今いっぺんに1000万円を投資するよりも、株価が下がっている時のほうがたくさん株を買えますよね。60分割ということは5年かけて投資するということなので、その間には株価が下がる時も来るでしょう。すると購入価格が平準化されるのです。

「でも、インフレで現金の価値が下がるなら、いっぺんに投資してしまいたい」という人もいます。けれど、インフレよりも暴落のほうがかなりスピードが速いのです。インフレーションというのは一般的にそこまで加速度的に進みません。生活感覚としてわかりますし、それなりに対応できると思います。一括で1000万円投資した後に株価がどんどん下がり出し大暴落が来たら、普通の人は心理的に耐えられないと思います。もちろん大暴落が来ても力のある企業の株価は必ずまた回復しますし、慌《あわ》てることはありません。私たちプロならば慣れていますし慌てないのですが、一般の人、しかも投資初心者にとっての不安は大きいと思います。

ただし、もし大暴落のさなかに1000万円の資金があるならば、私は「一括でいきましょうか」と言うかもしれません。とは言え、今が「大暴落のさなか」なのかは、なかなかわかりませんよね。やはり分散させるのが確実だと思います。これを「時間分散」と言います。

また、これは後で詳しく書きますが、私は近い将来に大暴落が来ると予想してい

つみたてとスポット買いのタイミング

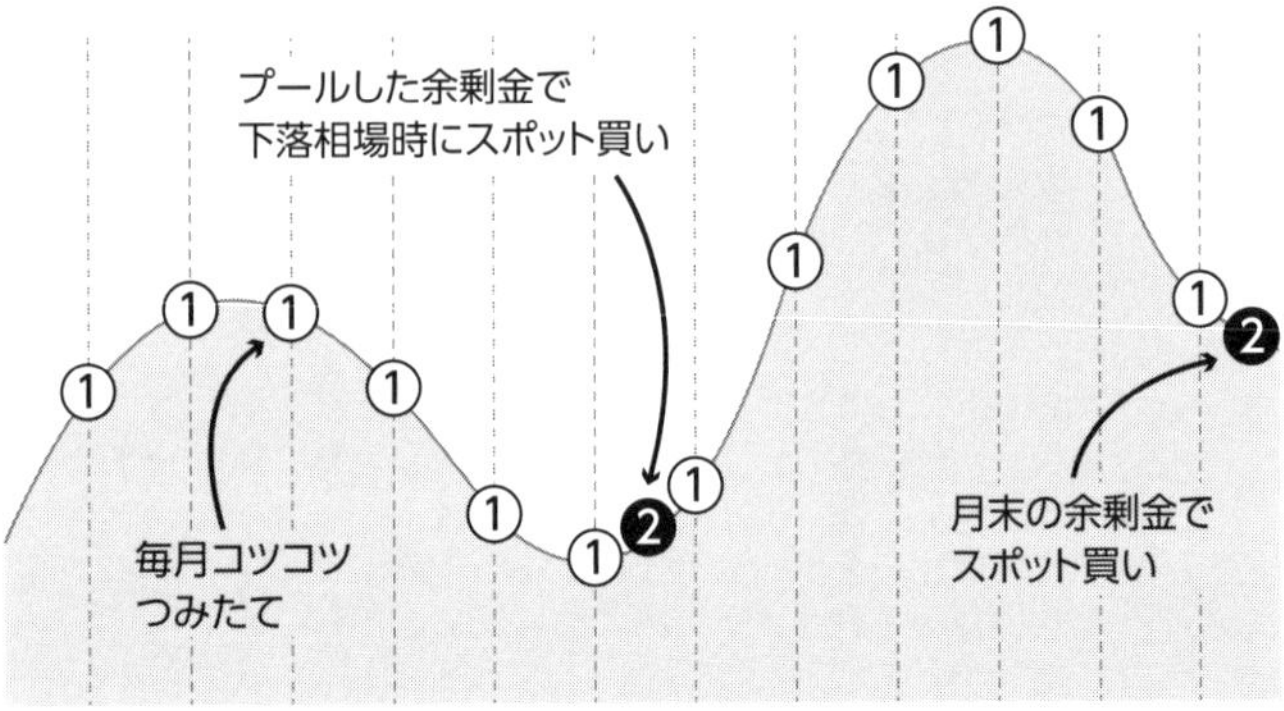

ます。もし「これは明らかに大暴落だ」という時が来たら、1000万円まではいかなくても、「スポット買い」と言って、ある程度まとめて買うのが賢い投資だと思います。実際、さわかみファンドのファンド仲間には、大暴落になるのを見計らってスポット買いをする人もたくさんいます。

整理しますと、1000万円あったら株価が明らかに下がっている大暴落の時期を除き、一般的には購入価格を平準化できる分割をおすすめします。少し慣れてきたら、分割とスポット買いの組み合わせもイメージしていきましょう。

ドルコスト平均法は詐欺の常套句!?

「ドルコスト平均法」。私は詐欺《さぎ》の常套句《じょうとうく》だと思っています。

次ページの相場の図を見て下さい。ITバブルが2000年頃、アメリカの同時多発テロが起きたのが2001年、リーマンショックが2008年ですね。

前章で説明したように、株価が大暴落したⒶの時点で一括で買うのが一番いいに決まっています。ただし、その時点で「今がお買い得だ」とはなかなか当てられません。

そこで、こうした相場の波、うねりにかかわらず、ずっと一定額をつみたてていくのが「ドルコスト平均法」です。たとえば月額3万円や5万円というように、均等額ずつ定期的に継続してつみたて投資をすることで、購入価格を平準化しましょうという手法です。つまり相場が読めない中で、ドルコスト平均法を採ると、だいたい真ん中を通るので平準化されるという真っ当な考え方です。

実際の日経平均の相場チャート

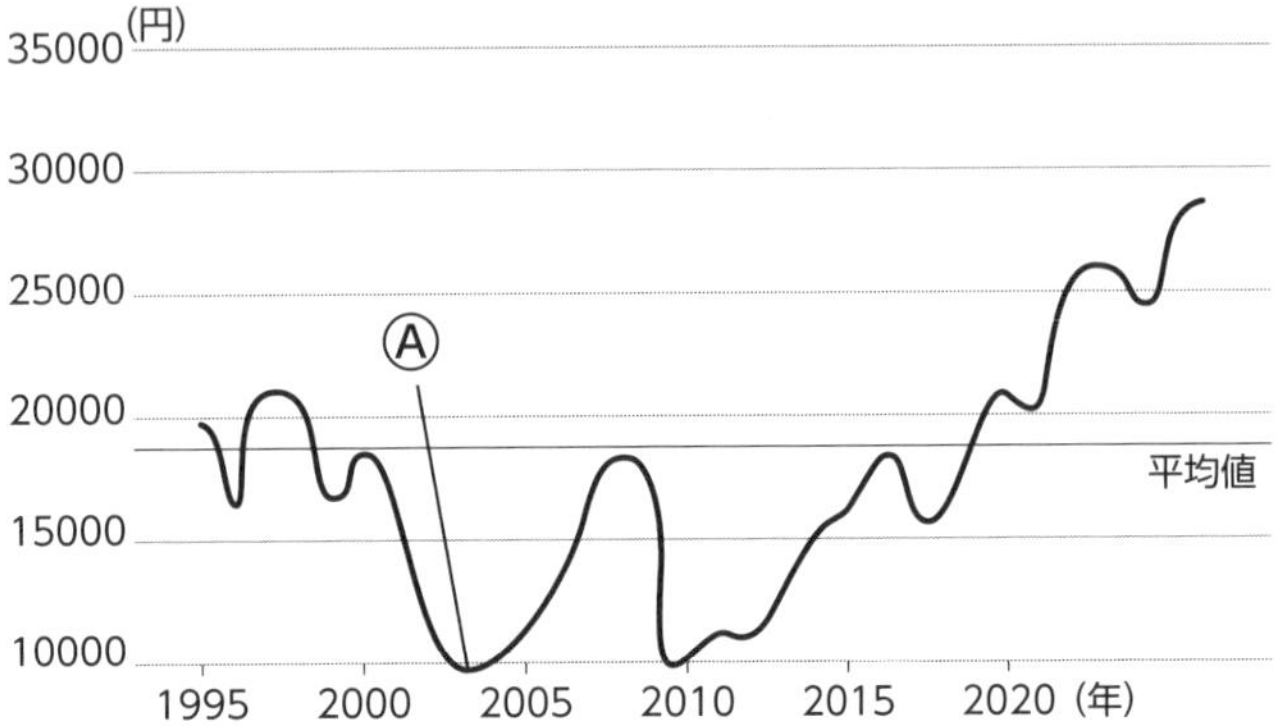

ただ、一部の証券会社や投資信託会社が言っているような、「ドルコスト平均法なら安心・儲かる」という文言はウソです。

たとえば、このあと大暴落が来てⒶのような状況で売ってしまったら、平均値よりも下まわり、損失が発生してしまいます。つまり、ドルコスト平均法も「今」が高いか安いかによって白黒結果が変わってくるのです。ドルコスト平均法だから安心、と言うことはなく、要は上がるまで待てるかどうかが大事なのです。永遠に上がらない株だったらどうでしょう？　平均値で買い続けても上がらない、それどころか下がり続ける株だったら地獄です。

ここで言いたいのは、ドルコスト平均法自体にはあまり意味がなく、やはり「大暴落が来てもまた上がる株」に投資しましょう、ということです。しかしそうした株、つまり企業を見極めるのは難しい。であれば信頼できる投資信託・ファンドを選ぶことです。ファンドの選択については後ほどお話ししたいと思いますが、少なくとも私たちさわかみファンドは二度の大暴落を乗り越えたファンドです。

信頼できるファンドにつみたて投資をしていれば、ドルコスト平均法などという理屈を考える必要もありません。それより大切なのは「投資資金をどこから調達するか」ということです。毎月の給料をもらっている人は、原則としてその一部をつみたてていくのが賢いのです。平均させるということを意識しなくても、収入の一部をつみたてるという癖をつければ無理なくつみたてられます。それを好景気だろうが、大暴落の時期だろうが、ずっと習慣として続け、気づいたら元本が大きくなっているというのが理想だと思います。

定額ではなく、決まった投資信託の口数や株数を毎月購入する「定量購入法」という手法もありますが、あまりお勧めしません。なぜなら価格が変動するので、毎月の購入価格も変わり、どうしても相場を追いかけてしまう恐れがあるからです。

やはり相場に関係なく、生活をベースに毎月つみたてていくのが大事だと思います。

「複利効果で儲かる」は詐欺です！

もう一つ、よく聞く言葉に「複利効果」があります。あらゆる人が「複利」という言葉を使うので、さもすばらしいもののように思われますが、私は残念ながらこれも詐欺みたいなものだと思っています。

「複利」という計算式から考えてみましょう。

１００円を投資して１年後、10パーセントの利息としたら１１０円になります。

複利と単利

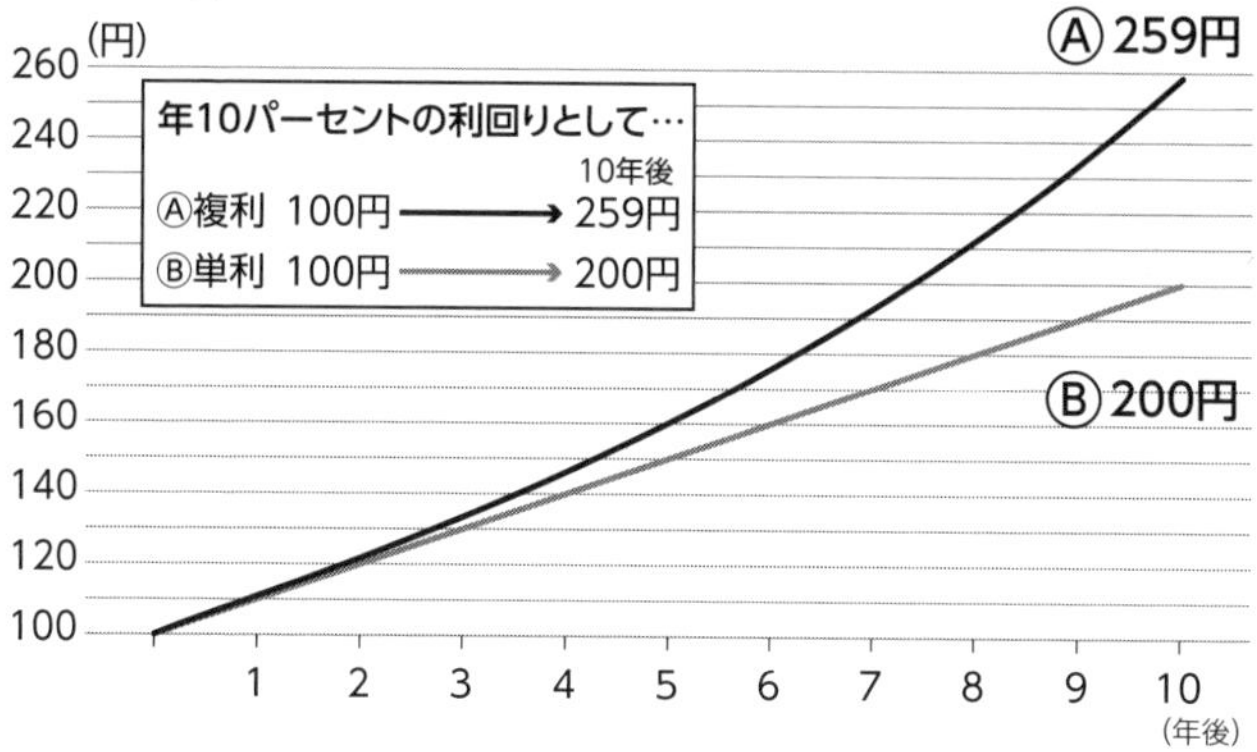

これが2年後に１２１円。３年後は１３３円……というように、Ⓐのようなカーブを描きます（上図）。複利の何がよいかというと、増えた利息も元本として再投資するところですね。

単利というのは利息を再投資しないので、2年後１２０円、３年後１３０円……となり、Ⓑのようなカーブになります。だんだん差が開いていって、とてつもない額になります。「雪だるま式」などと言って、元本がどんどん増えるので長い期間では大きな違いになっていくというものです。

しかし、金融商品で「複利」は、利益を約束するものではありません。「５パーセント複利」などと聞いたことがあるかもしれませんが、でも株価は変動しますよね？　株価が下がることもあるのに「5パーセント複利」を誰が約束してくれるのでしょう。5パーセントを約束したうえでのことなら「雪だるま」は大きくなるのですが、誰も約束はしていないのです。私たちも「何パーセント」という約束はしていません。ただ、これまでの平均でだいたい「6・1パーセント」でまわっていますよ、という言い方しかできません。大暴落の時期に売ることになってしまったら、複利効果どころか損をします。急に雨が降ってきて、雪だるまが小さくなってしまうようなものです。

複利がはっきりとあるのは「借金」だけ

金融の中で唯一「複利」がはっきりとあるのは借金です。とてつもなく膨らんでいく雪だるま方式なのは、借金だけなのです。

ただし、先ほどの図のⒶとⒷの差を見てもわかるように、増えた分を元本として再投資する複利効果はたしかに大きいものです。意外に知られていないのですが、一つ覚えておいていただきたいのは、（ＮＩＳＡ制度を除き）通常個人で取引すると売却時に税金を引かれますが、ファンド内の資本の売買は税金が引かれないこと。税金を引かれずにすべて再投資できるので、雪だるま効果は抜群です。

逆に、せっかく増やした投資資金を減らすのが分配金です。「毎月分配型」などの商品がありますが、雪だるま効果を考えたら非常にもったいない。高齢者には分配金を欲しがる傾向がありますが、若い人には「せっかく作った雪だるまを削るな」と言いたい。ぜひ分配金なしの再投資型にしてください。そして時間を味方につけるのが最善の運用です。

企業側から見ても、余剰金を配当金にするのではなく、それをもとに新商品や新しい分野を開発するなどしたほうが利益は膨らむ可能性があります。

株主が目先の「配当金」に惑わされず、その企業の将来を考えるのと同時に、長い目で見てリターンを考えることが、結果的に企業、株主共にすばらしい将来につながるのです。

覚えておきたいお金の基本、72と126、76の法則

これから投資を始める皆さんとしては、「じゃあ、どれくらいつみたてればよい?」と思われるでしょう。

しつこく言いますが目標は人それぞれですから、一つの例として参考にしてください。50歳のサワカミさんが65歳の時に3000万円欲しいと設定しましょう。これまで30年間働いてきたサワカミさんは、投資できる預金が500万円くらいあります。この500万円と、これから15年は働くという前提でシミュレーションして

72の法則

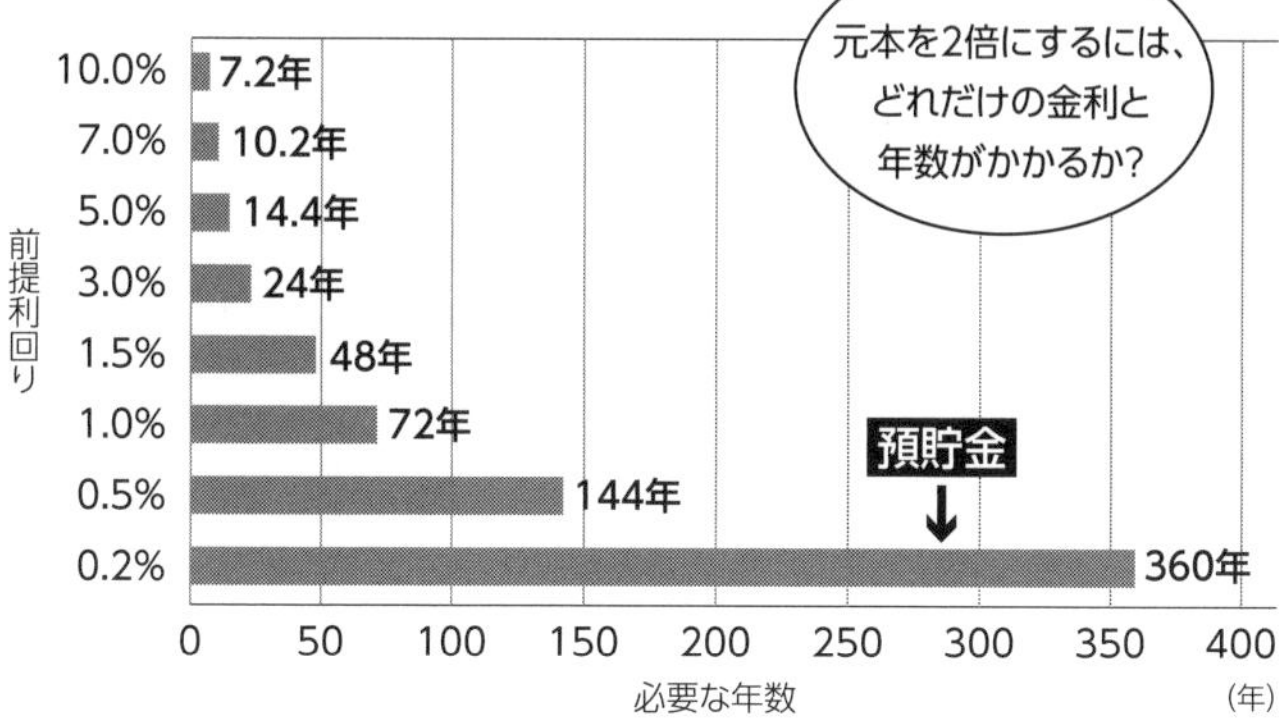

みましょう。

投資の世界には「72の法則」と「126の法則」というものがあります。

「72の法則」は、投資した元本を複利運用で2倍にするためにはどれだけの金利と年数が必要かを計算する方法です。数式は「72÷利回り＝期間（年）」「72÷期間（年）＝利回り」。

利回りは毎年何パーセントの運用リターンが出るかということです。もし年利回り5パーセントの商品に出会えたとしたら、期間はどのくらいになるか？

「72÷5＝14・4」となります。

つまり5パーセントの利回りとすると、サワカミさんの元本500万円を2倍の1000万円にするには14・4年かかることになります。「72の法則」を使って、逆に「500万円を15年後に1000万円にするには、何パーセントの利回りで運用すればよいか」と考えると、「72÷15＝4・8」となって、4・8パーセントの利回りで運用すればよいことになります。

「126の法則」も同じような考え方ですが、こちらはつみたて投資をしていった場合、つみたて総額が倍になるのに何年かかるかという計算式です。計算式は、「126÷利回り＝期間（年）」「126÷期間（年）＝利回り」。

たとえば、利回り5パーセントで考えてみましょう。「126÷5＝25・2」なので、つみたて総額を2倍にするには約25年かかることになります。

では、サワカミさんのケースを見てみましょう。まず一括で500万円を利回り

5パーセントが期待できるファンドに投資したので、15年後に1000万円になると見込めます。ただ3000万円にはまだ2000万円足りませんよね。「126÷5＝25・2」ですから、残り2000万円分を達成するために5パーセントで運用した場合、つみたて総額1000万円で25年間かかります。「1000÷25（年）÷12（カ月）＝3・3……」となって月々に換算すると約3・3万円です。

ただし、サワカミさんは65歳までに2000万円にしたいのですから、毎月のつみたて額か、または運用利率を上げなければなりません。計算上は「126÷15＝8・4」で利率8・4パーセントの商品があれば達成できることになりますが、8パーセント以上はかなり難しいと思います。

そこで、毎月のつみたて額を増やす必要があります。

ここで、もう一つの計算式を紹介しましょう。

「76の法則」です。つみたて投資の総額が1・5倍になるにはどれくらいかかるか

72と126、76の法則

目安として覚えておくと便利！

●元本が2倍になるには……

一括 72÷利回り＝期間(年)

つみたて 126÷利回り＝期間(年)

●元本が1.5倍になるには……

つみたて 76÷利回り＝期間(年)

が、簡単な計算式でわかります。

「76÷利回り＝期間（年）」です。

利回り5パーセントで考えると、「76÷5＝15・2」となります。

1・5倍で2000万円になるようにするには、つみたて総額が約1333万円あればよい計算になります（2000÷1・5＝1333・333……）。

この1333万円を15年間で分割すると、

「1333万円÷15年÷12カ月＝約7・4万円」

という計算になります。サワカミさんは、利回り5パーセントの場合、毎月約7・4万円をつみたて投資することで、15年後には約2000万円を達成できる見込みです。

50代の人は、こうして「手持ちの資金」と、これから働いて得る月々の収入からの「つみたて」の二本立てで考えるとよいと思います。

ただし500万円を一括投資できるという場合でも、90ページで説明したように、相場が高い時期には分割も考えたほうがよいかもしれません。

これはあくまでもシミュレーションですが、一つの目安になりますし、皆さんの投資の励みになるかと思います。

複利は詐欺だと言いましたが、なんとなくイメージをつかむための計算はしておきたいものです。

「ファイナンシャルインディペンデンス」の考え方

「ファイナンシャルインディペンデンス（Financial Independence）」という言葉、聞いたことがありますか？　直訳すれば「経済的自立」になります。

長期投資を続けて、生活に必要な額を取り崩しても、投資による資産増加額のほうが上回り、資産額が減らないことを言います。

つまりはお金の心配、不安から解放された状態です。

「そんな夢のような……」と思うかもしれませんが、時間を味方につけて長期投資を続けていれば誰でも決して無理なことではありません。

もちろん、毎月の生活費がいくらくらいかかるのかは個人差が大きいと思います。10万円あればいいという人もいれば、20万円、30万円欲しいという人もいるでしょう。要は、その人が満足できる生活を送れるかが大切です。

たとえば前項で想定した、65歳で３０００万円を基準にした場合は、利回り５パーセント運用で考えると年間150万円のリターン、月に換算すると12・5万円です。

3500万円の資金がある人は利回り5パーセントで運用すれば年間175万円のリターンがあります。月に換算すると約14・6万円。この金額を切り崩しても3500万円のラインは維持できる計算です。リタイア後の生活を考えた場合、年金に14・6万円を加えればだいぶ余裕ができるのではないでしょうか。

将来受け取れる見込みの年金額も考え、自分は老後どれくらいの生活資金が必要なのかを試算してみるとよいかと思います。

大事なのは、資金が3000万円、あるいは3500万円だとしても、長期投資でお金を働かせているからこそリターンのみを切り崩して生活できるということです。もちろん株価が下がり、資産が減ってしまう可能性はありますが、利率のほとんどない預金を切り崩して生活するとすれば、いくら3000万円あっても目減りするばかり……。入ってくるものがなく出ていくだけ、という状態は不安を生むものです。日本の高齢者の資産はほとんどが預金です。皆さんがこのうちの数パーセントでも投資をして働かせれば不安が薄れ、アクティブな人が増える、そして日本経済全体が元気になると思うのです。

早期リタイアする？　しない？

また最近では「ＦＩＲＥ」という言葉もよく耳にします。「Financial Independence,Retire Early」の略で、「経済的自立による早期リタイア」という意味になります。つまり、若いうちに資産を築きファイナンシャルインディペンデンスを実現し、早いうちにリタイア、仕事を辞めようということです。経済的自立はすばらしいことですが、私は「ＦＩＲＥ」そのものより、「ＦＩＲＥ後の人生に目的があるかないか」のほうが大事だと思っています。

趣味を楽しむこと、ボランティア、または次なる夢の実現でも、何か目的があるならいいのです。でもなかったとしたら、はじめは楽しくても次第に寂しい生活になるのではないでしょうか。私は「ＦＩＲＥ」はゴールではなく、次の夢の「早期実現の手段」と考えてこそ「かっこいい」のではないかと感じます。

日本で「ＦＩＲＥ」がまるで「憧れ」のように語られる風潮があるのは、日本人が働くことを楽しめていないからではないでしょうか。どんな仕事であっても、もしその人が仕事を楽しめているならば早期リタイアになど憧れないはずです。

若い頃は金融投資よりも、楽しく働いて「稼ぐ力」を上げるほうが大事です。私は、若い世代には「ＦＩＲＥ」に憧れるより、仕事を楽しくすることのほうにエネルギーを向けてほしいと思います。

日経平均とさわかみ平均を比べてみよう

日本株式市場の指標として使われる「日経平均株価」は、誰でも聞いたことがあると思います。では、どういう数字なのかご存じですか？

様々な経済統計、指標に使われるので政府が公的に発表していると誤解している人も多いのですが、これは日本経済新聞社が算出、公表しているものです。日経新聞社が東京証券取引所プライム市場（旧東証第一部）に上場する約１７００銘柄の株式のうち、取引が活発で流動性の高い２２５銘柄を選定し、その株価を平均して算出します。

これに対して、さわかみ投信が投資している企業の平均株価を「さわかみ平均株価」と名付けましょう。

日経平均株価は、２０２４年3月1日時点、３万９９１０円です。対してさわかみ平均株価は４万０１６０円です。日経平均を上回る数字は誇ってよいことですが、それ以上に見ていただきたいのは、その経緯です。

１９９９年８月時点で、さわかみ平均株価は１０００円、対して日経平均株価は１万８２３３円でした。ＩＴバブル崩壊、リーマンショック、コロナショックを乗り越え、さわかみ平均株価は２万７０５８円もの成長を達成したのです。対して日経平均株価は約１万８０００円の成長ということになります。さわかみ平均株価は4倍以上、日経平均株価は2倍強にとどまっているわけです。日経平均株価の数値には配当金が含まれていないという点もあり他方でさわかみ平均は信託報酬が差し引かれているので、単純比較はできません。それでもこれだけの成績差が生まれているのです。

なぜこのような成績を達成できたのでしょうか。大暴落の時に、きちんとキャッシュを用意して株を大量に買う、すなわち勝負してきたからです。その「勝負の投資」は、その後ちゃんと上がる企業を厳選したうえでの投資です。もちろん私たちも人間ですから、厳選したつもりでも予想を外すこともあります。ただし、漫然と投資するよりも精度は確実に高い。しかも私たちは日頃から消費者目線を大切にして、「世の中に必要なもの」を生み出す企業をリサーチしています。

そんな想いに呼応して、暴落時にさわかみファンドに投資してくれるファンド仲間が多いことが、この伸び率につながっていると自信を持って言えます。大暴落を経て、また株価が上がることで私たちのファンドは成長しています。ですから投資する方には10年以上、なるべく長く持っていただきたいのです。

ところが、今、日本の投資信託の顧客平均保有期間はなんと約3年です。3年でリターンを上げるのは、いかに運用のプロでも難しい。やはり10年は欲しいところです。

信託とは「信じて託す」と書くのですが、たった3年では信じても託してもいません。投資するならばぜひ長期で考えていただきたいと思います。

郵 便 は が き

お手数ですが、
切手を
おはりください。

1 5 1 0 0 5 1

東京都渋谷区千駄ヶ谷 4 - 9 - 7

(株) 幻 冬 舎

書籍編集部宛

ご住所 〒

都・道
府・県

お名前 フリガナ

メール

インターネットでも回答を受け付けております
https://www.gentosha.co.jp/e/

裏面のご感想を広告等、書籍の PR に使わせていただく場合がございます。

幻冬舎より、著者に関する新しいお知らせ・小社および関連会社、広告主からのご案内を送付することがあります。不要の場合は右の欄にレ印をご記入ください。

不要 □

本書をお買い上げいただき、誠にありがとうございました。
質問にお答えいただけたら幸いです。

◎ご購入いただいた本のタイトルをご記入ください。

『　　　　　　　　　　　　　　　　　　　　　　　　』

★著者へのメッセージ、または本書のご感想をお書きください。

●本書をお求めになった動機は？

①著者が好きだから　②タイトルにひかれて　③テーマにひかれて
④カバーにひかれて　⑤帯のコピーにひかれて　⑥新聞で見て
⑦インターネットで知って　⑧売れてるから／話題だから
⑨役に立ちそうだから

生年月日　西暦　　年　　月　　日（　　歳）男・女				
ご職業	①学生	②教員・研究職	③公務員	④農林漁業
	⑤専門・技術職	⑥自由業	⑦自営業	⑧会社役員
	⑨会社員	⑩専業主夫・主婦	⑪パート・アルバイト	
	⑫無職	⑬その他（　　　　）		

ご記入いただきました個人情報については、許可なく他の目的で使用することはありません。ご協力ありがとうございました。

長期投資で世界が広がった

さわかみ投信の「ファンド仲間」には、まったく投資経験がない、知識もないという人もたくさんいらっしゃいます。中でも、本格的な投資スタートが比較的遅い人をご紹介しましょう。

●K氏（取材当時69歳）

K氏はご夫婦で衣料品店を経営していましたが、隣家の火事が広がり、店舗兼住居が全焼という試練に遭《あ》います。借金して再建し、必死で働き、やっと全額返済できた頃にご主人が胃がんのため55歳という若さで逝去されました。衣料品店を経営しながら、ご主人の生命保険を元手に投資を考えた頃「さわかみ投信」の新聞記事を見て、「これだ！」とひらめいたそうです。

2001年、53歳の時にさわかみ投信に口座を開設。まずは月1万円のつみたてからスタートし、7年後……、84万円の投資金額が160万円になっていました。

「銀行に預けるよりずっとよさそう」と銀行の預金を解約し、さわかみファンドをつみたてます。ところがその直後、リーマンショックが世界を襲いました。

ただし、さわかみ投信のセミナーに参加されていたK氏は冷静でした。

「投資信託は株の『詰め合わせ』ですから、値段が下がることも当然あります。そういう時こそ買い支えてあげるのが長期投資家だと。セミナーで教えてもらったことなんですけどね（笑）」

息子さんは、「セミナーで洗脳されているんじゃないか」と心配したそうですが、K氏の言うようにリーマンショック後株価が復活すると、次第に信頼してくれるようになったそうです。

「利益が出たこともありますが、私が『前より生き生きしている』と言ってくれます」

「生活に困らないこともありがたいですが、自分のお金が世の中のために働いて返ってくることがうれしいんです。それに何より、世界のことや、いろいろなことに興味が湧いて、世界が広がりました」

Column 3

今は熱狂なきバブル　暴落というオオカミが来る

このコラムを書いたのは2024年3月下旬です。いま、日経平均株価は4万円を突破、史上最高値を謳歌しています。

私はこの経済状況を「熱狂なきバブル」と呼んでいます。

本来、熱狂、つまり人気や何かの熱い想いが集まるところにお金が集まるのです。そして、熱狂が冷めたところからはお金は離れ、また別の熱狂にお金が集まる。こうして、本来、お金は「移転」しているのです。ところが、今はすべてのものにお金が流れ込んで、ありとあらゆるものが高い。これはお金が余っているからなのです。

なぜ、こんなにもお金が余っているのでしょうか。

近年、世界を震撼させた出来事がありました。そうです、コロナのパンデミックです。人間が移動しない、外出も外食もしない……とてつもない富が奪われました。それにも関わらず、株が上がっているというのは、どう考えても異常です。

なぜお金が余っているのか。それは、異常を生じさせた、各国の中央銀行という存在があるからなのです。２００８年のリーマンショック以降、経済を復活させなくてはならないと、日本銀行、アメリカのＦＲＢをはじめとする中央銀行はお金をばらまいてきました。ばらまいたお金を個人が手にして、お金が増えたからいいものを買おうと消費が生まれる。消費が増えて、利益を得た人がまたお金を使う……このスパイラルを作るために中央銀行はお金をばらまくのです。

そして、各国の中央銀行が、お金をばらまき過ぎていた時期に、コロナ禍が世界を襲いました。本当ならそろそろ引き締めなければいけない時期に、コロナ禍による経済への打撃で、またばらまかなければいけなくなりました。ばらまかなければ経済は死んでいたと思いますから、ばらまいたこと自体は間違いではないと思います。ただ、そこで株価がここまで上がるというのはやはり異常です。

中央銀行が「ばらまく原資」は、未来から借りてきています。日本で言えば、日本国債。政府の借金です。いつか大きな借金を返さなければいけないとわかっている中で、現状を謳歌している。いつかしっぺ返しが来ます。私は、近い将来、暴落は必ず来ると思っています。むしろ早い段階で来たほうがいいとさえ思っています。

例えば、日本の住宅ローンというのは変動金利がほとんどです。この金利が上がったら返せない人が続出し、銀行は多額の不良債権を抱えるでしょう。経済は縮小方向に向かい、暴落が起きる。ただ、暴落はすべて悪いわけではなく、肥大化した経済を正常化させる意味があるのです。

アメリカは上手に金融を引き締めながら、経済を落ち着かせていますが、日本は今のところ肥大化させたままです。

私がよく話すのは、「ゾンビにカンフル剤をずっと与えて続けていたら本当の人間になるかもしれない」ということです。それが日本政府の狙いで、アメリカのように少しずつ引き締めるのではなく、ゾンビが人間になる方に賭けてカンフル剤を与え続けています。

ゾンビが今後どうなるのか。実際のところはわかりません。けれど、一つだけ確実に言えるのは、オオカミが来ることに備えてさわかみファンドは準備万端だということです。

第三章

「実体経済」を知れば、投資は決してギャンブルではない

臆病者の目には、
敵は、つねに大軍に見える

――織田信長

どうやって投資先を決めるか

さて、具体的に投資先をどう決めていくかということを考えましょう。社会経験もあり手持ちの資金もある、一定の年代以上の人には、私はいつも「せっかく投資するなら、思いを入れましょうよ！」と話しています。ある商品のコンセプトやサービスがすばらしいと思ったら、応援する気持ちでその企業に投資する。投資だけして、もうその投資先には無関心というのは、その参加権を放棄することなのでとてももったいないと思います。

逆に、「自分はこの商品は買わない」、または「企業の姿勢がちょっと……」と思う企業には投資しないという意識も大事だと思います。投資というのは社会に参加する行為なのです。

たとえば、私たちの会社は伊藤園に投資しています。そして、来社されるお客様には必ず「伊藤園」のお茶を出しています。それは投資しているからだけでなく、伊藤園という企業の姿勢がすばらしいと思っているからです。伊藤園は大分県の生産者と一緒に茶葉を生産し、地域経済に大きく貢献しているのです。ですから私たちは投資もしますし、商品も購入する。私たちがお茶を買うことで弊社のお金が伊藤園に行き、伊藤園から大分県の生産者に茶葉の代金がわたります。大分県の生産者にわたったお金の多くは地元で使われ、地域経済に貢献するでしょう。生産者は安心して茶葉の栽培を続けることができるし、私たちはおいしいお茶を飲むことができる。さらに購入することで伊藤園の業績にわずかでも貢献できれば、投資している私たちにとってもプラスです。

企業、生産者、投資家である私たち、皆が「トリプル・ウィン」。さらに消費者にとってもウィンですから「フォー・ウィン」です。

これが、私たちが考える理想の投資です。

もちろん無理をすることはありませんが、選択できるのならば少し高くても「よりよい商品」「ずっとあってほしい商品」などを買いたいものです。

「でも投資信託というのは『株の詰め合わせ』でしょう？　企業を選べないのでは？」という疑問が出ますよね。その通りです。多くの投資信託は投資先を公開していません。なぜなら、投資先を頻繁に変えているから見せたくても見せられないのです。

投資信託において、どれくらい投資先が入れ替わるかという数値をターンオーバーと言います。肌の状態にもよく使われる用語で、あるものの入れ替わり期間のことです。多くの投資信託会社のターンオーバーは２００パーセント。計算上、半年ですべて入れ替わります。私たちさわかみファンドは5〜10パーセント前後。つまり10〜20年に一回替わるかどうか、という程度です。

そして、私たちさわかみファンドは投資先１３４社すべてを公開しています。各社とも、私たちが企業の姿勢やコンセプトを調べ、「ここだ」と決めた、伊藤園のような「思い入れのある」企業です。そして長期で株を持つ。だから自信を持って投資先を公開できるのです。

また、企業の人たちとファンド仲間が話をする場も毎年開催しています。投資したお金がどう生きて、どんな商品になるかを直接確かめられ、社会とつながる実感を得られると思います。

個人で「この企業を応援したい」と投資できればいいのですが、なかなか難しい。だったら私たちの投資信託を考えてみませんか。

アメリカや全世界型の投資信託は、まったくお勧めできません

今、アメリカや全世界型の投資信託が流行《はや》っています。「思い入れ」投資とは逆に、まったく知らない国のファンドに投資する人もいます。もちろん「リターンさえあればいい」という投資ならそれでもかまいません。でも一つだけ言わせてくだ

さい。

あなたが今暮らしているのは日本ですよね？　であれば、あなたも日本経済の一部なのです。日本製の商品を買い、日本企業に投資することで、そのお金がやがて自分にもまわってくるのです。そして、大人として日本の将来を考え、これからも日本が元気で豊かな国であってほしいと思うなら、できるだけ日本製品、日本企業にお金を使いませんか。

外国への投資にはカントリーリスクもあります。実験的に弊社の社員が個人でロシアのファンドを買っていたのですが、ウクライナ侵攻が始まった時に凍結されてしまいました。凍結されてしまえばお金はないものと一緒です。

また新興国のファンドはリターンが大きく、魅力を感じるのもわかりますが、やはりまだ成熟しておらず、政情的にも経済的にも、何が起こるかわからないリスクがあります。何より、その国の文化も実情もよく知らないのに、なぜ投資するのでしょうか。

「まず大事なのは生活のリズムに投資を入れること」という話をしました。そしてできれば、目先の儲けや相場の上下ではなく、「そのお金が社会でどう役立っているか」「自分が社会とどうつながっていられるか」という「おもしろさ」を感じていただきたい。投資家には、投資をすることで社会を変えられる力があるのです。その力をよい意味で行使することで前向きになれると思います。

何も行動せず、ただただ政治や社会に不満を抱くばかりの人はかっこよくありません。ささやかかもしれませんが、小さいところから社会を変えていこうとする人はかっこいいと私は思います。

人口減の日本に投資する、これだけの理由

「人口も減るし、高齢化だし。日本経済はダメです」と悲観的なことばかり言う投

資家が多いのですが、そういう人に対して私が必ず言うのは「あなたは何をしたいのですか？　日本経済に対して行動しないのですか？」ということです。

ほとんどの人にとって、日本経済がまるで「他人事《ひとごと》」。日本に暮らしている私たちは日本経済の一部、「自分事」のはずなのに、です。一方で、まったく行ったこともない国や知らない企業に対して平気で投資する人のなんと多いことか。

投資家は、同時に消費者でもあります。日本に暮らしている私たちは、投資している企業の商品やサービスを買うことでも応援できるのです。極端なことを言えば、もしアメリカ経済がいいと思ってアメリカの株に投資しているなら、アメリカに住むべきです。でも「日本経済はもうダメだ」と言いながらも日本に住んでいるなら、その足元をよくしませんか。もちろん、大事な財産なので分散させるということは否定しません。自分で根拠と理由を持って数カ国に分散させるならよいと思います。

自分が投資をしたり消費をしたりすることで企業も儲かる、投資している自分も儲かる、日本経済全体がよくなる――。投資することで、こんな前向きな気持ちになれるのです。投資によって社会とつながる喜びを、ぜひ感じてほしいと思います。

手数料の低いインデックスをアクティブが最終的に上回る

今、投資信託で流行っているのが「インデックスファンド」です。インデックスとは指数を意味し、ＴＯＰＩＸ（東証株価指数）やアメリカのＳ＆Ｐ５００など株価指数に連動した投資信託のこと。こうした相場の波と同じように価格が上下することになります。インデックスですから、中には業績のよい企業も悪い企業もあり玉石混淆《ぎょくせきこんこう》です。ということは、企業の実力や成長より、人間の欲や期待値、人気に投資しているようなもの。ＴＯＰＩＸであれば東証市場全体に分散投資しているのと同じことです。

インデックスの別名は「パッシブ」。景気のまま、相場のままに、つまり「受動的」ということです。インデックスは運用者やアナリストなどの人間が介在せず、コンピュータによって自動的に運用されます。だから手数料は安い。信託報酬も0・3～0・4パーセントくらいかと思います。

対して、私たちのように投資先を吟味《ぎんみ》し、選択して、指標を上回るリターンを目指すファンドのことをアクティブファンドと言います。「能動的」ということですね。アクティブファンドは、自分たちの分析やポリシーに従って投資先を選び、景気の変動に応じていつ売買するべきかなどを決定します。それだけコストをかけていますから、手数料はインデックスよりは高く、私たちの場合で1パーセントです。

多くの証券会社は「初心者向け」と言ってこのインデックスを勧めますが、私はまったく勧めません。なぜでしょうか。

次ページの図を見てください。ここ15年間は世界が上昇相場ですから、何をやってもリターンが出ます。すべてが上がりましたから、儲けを出さない人はいません。

相場のイメージ

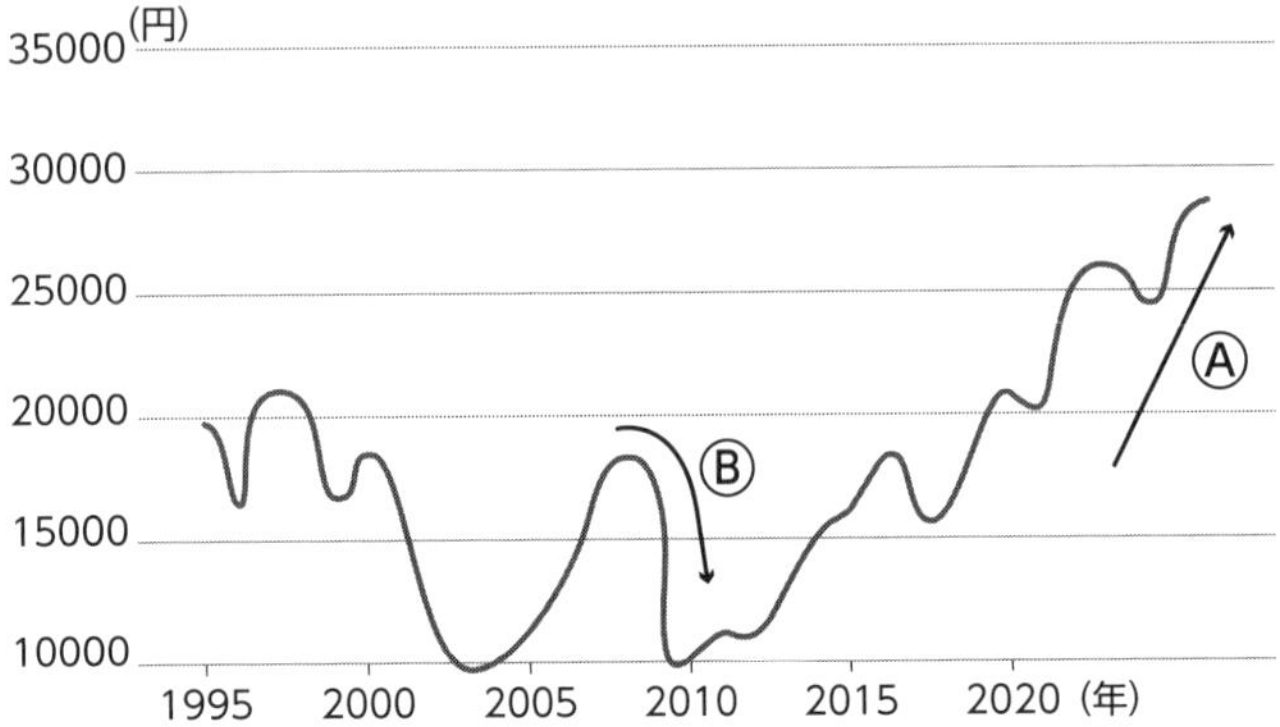

このベクトルの時期（Ⓐ）であれば、どう考えてもコストをかけるアクティブよりインデックスのほうが儲けが出ます。

しかし、いつか必ず相場は下がります。２００８年のリーマンショックの時のようにベクトルが下向きになった時（Ⓑ）、インデックスファンドは何の手立てもなく下がっていきます。対して私たちのようなアクティブファンドは、当然Ｂの時期が怖いので、対策をしています。一般的にファンドは、アセットアロケーションと言って株式や金、現金などに資産を分散させます。私たちは株価が高い今の時期、ファンドのうち、キャッシュの割合を高めています。株価が下がったタイミングで、安くたくさん株を買うために備えているのです。

アクティブファンドはこうして分析し頭を使って運用しているので、リターンとしては次第にインデックス（パッシブ）を引き離すのです。

やはりインデックス（パッシブ）は、人間が介在するアクティブには勝てないと考えています。「でも手数料はアクティブのほうが高い」と思うかもしれませんが、それを上回るリターンを出せればいいわけです。相場はⒶのような時期だけでなく、必ずⒷのような下がる局面もあります。逆に言うと、だからこそリターンが出るのです。長期的に運用できれば、手数料の差など十分上回るリターンを狙えるのです。

自分に合ったファンドに出会うには

先ほど、私たちは株価が下がる時期に備えてキャッシュを多めにしていると言いました。さらに、さわかみ投信のファンド仲間は、長期投資を前提に私たちを信頼してくださっているので、ありがたいことに株価が下がった時にこそ、まとまった投資をしてくださる人がとても多いのです。つまり、株価が安い時、「株のバーゲンセール」のような時期にこそ大量に買うことができます。だからこそ1999年8月に1万円でスタートしたさわかみファンドの基準価額「さわかみ平均」は、2024年3月1日時点、4万0160円という実績を残せているのです。

第一章で、「株というのは人に投資できる唯一無二の投資だ」と書きました。だからこそ成長する企業・人を応援できる、社会とつながるというすばらしさがあるのですが、インデックスファンドでは中身が見えません。私は、やはり投資初心者の人にも、信頼できるアクティブファンドを見つけてほしいと思います。

「でも、どうやって『信頼できるファンド』に出会えばいいの?」と迷われるでしょう。

日本のファンド数は約6000。これは東証プライム上場企業数1654社(2

024年3月）の3・5倍以上に当たります。株の組み合わせを変えて、どんどん商品を作っているわけです。どうしてこんなにたくさんのファンドがあるのでしょうか。新商品が出ると、洋服と同じようにお客様に「こちらお似合いですよ」と勧めやすいからなのです。ファンドを売る販売会社は営業成績を上げたいので、ファンドを買って3年くらい経つと「こんな新商品が出ました。お勧めですよ」とセールスします。投資家もつい新しい商品に飛びついてしまう。これではリターンはあまり期待できません。長期で運用しようというよりも、販売する側が売りやすさを求めてファンドを作る。投資家の利益を考えない、このようなひどい現状を見てきたので、さわかみファンドは運用も販売も一緒に行う直販会社にして、セールスを一切しないと決めたのです。

こうした実情ですから、ファンドは6000もありますが大半は動いていません。まずファンドの当たりをつけるには、ウェルスアドバイザー（https://www.wealthadvisor.co.jp/）という投資信託の格付けページを見るとよいと思います。その中に「ファンドランキング」「ファンドを探す」という項目があります。

金融商品それぞれのコンセプトも書かれていますし、過去の実績を見ることができます。確実なのは、15年以上続いているファンドは信用できるということです。リーマンショックが起こったのが２００８年ですから、15年以上続いているなら、リーマンショックを乗り越えたファンドということになります。過去の実績を見て、そのファンドが大暴落の時どういう状況だったかを見てください。大暴落の時にこそ株を買っているか、そこでアクティブファンドの真価が問われるのです。

次に、世間の評判はあてにせず、自分で資料を取り寄せてコンセプトを見て信頼できるかどうかを考え、過去の実績を見てみてください。過去の実績を見るポイントは次のような項目です。

・年率平均何パーセントの実績か

・ファンドの基準価額の推移

・純資産総額の推移

・口座数（顧客数）

具体的な長期投資の始め方とは

ただ、一つ言いたいのは、数字も大事ですが、ファンドを運営するのは人間ですから相性があるということです。できれば、そのファンドに携わる人たちの顔を見て、言葉を聞き、その人を信じられるかどうかを判断していただきたい。

さわかみファンドの場合は、セミナーに参加すればいつでも私たちの話を直《じか》に聞いていただけます。セミナーだけでなく、毎月第三金曜にはファンドマネージャーたちの勉強会をＺｏｏｍで公開しています。それぞれが思い入れを持って、様々な企業の話をする姿をお見せできると思います。

一般的な証券会社では、販売員の話を聞くことしかできません。野菜にたとえれば、さわかみファンドはその野菜を栽培している農家さんに直接会えるのに対して、一般的な証券会社は野菜を売っているスーパーの店員さんにしか会えないということです。

投資を始めようとする人はまず証券会社に口座を作らなければと思いがちですが、先に気になるファンドを5本選ぶことをお勧めします。10本選べればもっとよいかと思います。

次に、ファンドは商品なので、それを扱っている証券会社があります。さわかみファンドの場合は直販投信会社なのでさわかみ投信でしか買えませんが、一般的なファンドは証券会社で買うことができます。証券会社はもちろんすべてのファンドを扱うわけではないので、その証券会社で購入したいファンドを扱っているのかを確認してください。

たとえば、もし欲しいバッグが決まっていたら、そのバッグを高島屋で買えるのか、伊勢丹で買えるのかを調べますよね？　それと同じように、購入したいファンドを決めたら、扱っている証券会社を確認してから、その証券会社に口座を開きます。そしてそれぞれのファンドに1万円ずつ投資してみるのです。

ファンドへの投資は結婚と同じです。まずは何人かと「お付き合い」をしてみることが大事です。数本購入してみて実績を見ながら、またセミナーがあればセミナーに出て話を聞くなどしながら、だんだん絞って本命に重点的に投資していけばよいと思います。

相場ではなく「実体経済」を見る

投資をする人が目先の値動きに一喜一憂してしまうことがあります。大切なお金を投資しているのですから当然だとは思うのですが、あまりに相場ばかりを見てしまうと「お金と働いている」状況になってしまいます。長期的に考え、経済の大きなうねりの中で企業の成長と共に「お金に働いてもらう」ことが大事だと考えています。その間、投資した人は仕事や趣味、本当にしたいことに時間を使うことができるのです。

投資をされる人には、ぜひ「相場」ではなく「実体経済」を見ていただきたいと思います。

では、「実体経済」とは何でしょうか。皆さんは2008年のリーマンショックを体験していると思います。「100年に一度の金融危機」と言われました。「100年に一度」なのですが、もう10年後には何もなかったかのような生活ができています。同じように1929年の世界恐慌、1987年のブラックマンデー、1991年の日本のバブル崩壊など金融危機はたびたびありましたが、世界は必ず乗り越えています。

結局、人間には欲望があり、生活があります。日本は人口減少時代ですが、世界的に見れば、人口は毎年約1パーセントずつ増えています。人間が増えているということは、経済は成長していく。これこそが実体経済なのです。

経済的に考えると、世界的パンデミックが恐怖だった主な要因は、100年前のスペイン風邪のように数千万人もの人が亡くなることでした。人間が生活するということが「実体経済」であって、数千万人がいなくなるということは実体経済が縮小することだからです。

逆に言えば、金融危機があっても実体経済さえちゃんとしていれば必ずまた復活するのです。だからこそ、目先の利益ではなく、長期投資で「時間を味方につける」ことが大事です。

社会情勢によって株価が暴落しても、企業のポリシーがきちんとあり、商品やサービスが社会で求められる企業なら必ずまた復活します。私たちはそういう企業にこそ投資をしています。

連想ゲームがうまくても投資では勝てない

こうした、いい企業を見つけるヒントはどこにでもあります。

たとえば先日テレビ番組を見ていると、ミシュランの星付きレストランで、タレントに冷凍食品をそのレストランの料理だと偽って出すという企画がありました。そのタレントが冷凍食品だと気づくかどうか、という内容です。私はその番組を見ながら「たしかに冷凍食品のクオリティが高くなっているなあ」と考えていました。そして時間がない時のおかずやお弁当にと、あらゆる忙しい人の味方で、もはや私たちの生活に欠かせない……。そうです。私は投資先として冷凍食品会社を調べてみたくなったのです。

経済の情報番組などはあまり見ません。そういう番組はほぼ「連想ゲーム」です。半年以内に金利が上がったらこうなる、円安が続くならこうなるなど、本質論ではなく「相場」を見ているだけなのです。でも「ニチレイの冷凍食品が1秒に○個売れている」ということは実体です。企業が社員同士切磋《せっさ》琢磨《たくま》して、さらによい商品を作ろうとしているのは間違いありません。長い時間軸の中で大切なのは、こうした「実体」です。私たちは経済ニュースや新聞などを見ると同時に、こうした日常生活の中でヒントを得るほうが多いのです。

本来、投資先を決めるならこうした企業の実態＝「どういう企業なのか」を第一に考えるべきです。

暴落した時に安く買われる危険性
～よい企業が壊される

さわかみファンドのホームページには「短期の投資はご遠慮ください」と書いてあります。こんな投信会社はなかなかないと思います。なぜわざわざ、こんな文言を掲げておくのでしょうか。

日本の投資信託の平均保有期間をご存じでしょうか？　約3年です。信託は「信じて託す」と書くのですが、たった3年しか託してもらえないということです。皆さん、待ってくれないのですね。

いかに天才のファンドマネージャーがいても、3年で大きなリターンを出すのは難しい。たとえば資金を預かってビジネスを成功させようとしても、「3日で利益を出せ」というのは無理ですよね。投資信託もそれと同じ。やはり10年は欲しいのです。投資家の皆さんには、できるだけ長い目で見ていただきたい。

10年あれば、もし暴落が来たとしてもほぼ回復しています。2008年のリーマンショックの際も10年後には復活しました。前にも書いたように、暴落した時は投資家にとっては「株のバーゲンセール」。安くたくさん買うチャンスです。

ただし企業にとっては大変な危機、買収リスクです。しっかりとその企業を支えようという長期投資家が買うならいいのですが、もし買収を狙うなど質《たち》のよくない集団が大量の株を買ってしまったら……。企業の理念や商品を作る姿勢、何もかもが否定されて企業はボロボロになってしまう。多くの人に愛されていた商品も存亡の機、二度と買えなくなってしまうかもしれません。

友だちなら辛い時にこそ寄り添う

逆に言えば、暴落の時は企業を支えるチャンスでもあるのです。株価暴落の時こそ、その企業の株を簡単には売らない。「支える時なのだ」と考えていただきたい。人間同士もそうですよね。友だちだったら、その友だちが何か辛い時、落ち込んでいる時にこそ寄り添ってあげなければなりません。けれど多くの人は、友だちがうまくいっていて浮かれている時にだけ寄り添って、ピンチになると離れてしまうのです。

本当の友だちなら、大変な時、落ち込んでいる時にこそ寄り添ってあげてください。それは投資する企業の場合もまったく同じです。

以前、ハゲタカファンドのターゲットにされ、株価が極端に下がった企業がありました。もしハゲタカファンドに買収されてしまったら、人員整理をし、部門は切り売りされ、業種の大幅変更もあり得ます。大変な危機でしたが、その直前に弊社を含む長期投資家が買いに入り、5、6年後に見事復活することができました。後にその社長さんからの言葉を今も覚えています。

「あの時、澤上さんたちが買い支えてくれなかったら確実に買収されていました。社員も私もどうなっていたか。皆さんが株を買ってくれたことで、商品も経営方針も間違っていないと確信し立ち向かえました」

私にとっても、投資の力を再認識させてくれた大きな出来事でした。

投資と子育ては似ている。10年見守る覚悟を

私はセミナーなどで皆さんに「時間を味方につけましょう」と話します。2、3年ではなく、一度投資をしたら景気サイクルを考えて10年を一つの目安にしていただきたい。ですから50代から始めたとしても10年後は60代、まだまだですよね。

ただし、10年と決めてしまうと相場が気になったり、「あと何年」と数えたりしてしまうかもしれません。気持ちはわかるのですが、できるだけ心静かに「待てるよ、いつまでも」という思いで見守っていただきたいのです。

投資は子育てと同じと考えてください。子どもの成長を明日、あさってには求めませんよね。そして子供は、成長する間には思春期でぐれたり、悪いこともしたりしてしまうかもしれない。あるいは家にひきこもるかもしれません。だからと言って親は子どもを見離さないですよね。

企業も同じです。いくらよい商品を作っていても、様々な条件で一時的に業績が

悪い時期もあるかもしれない、または新商品の開発など未来のためにどんどん投資する、つまり「勝負」に出る時、企業では一時的に手元のお金が減ります。そこだけ切り取って「この会社は業績が悪い」と言うのはおかしな話です。

たとえば来年、再来年の受験のために外出もせず、友人との付き合いも断って家にこもって必死に勉強している子どもに、親が「ひきこもってちゃダメだ」とは言いませんよね。それなのに、多くの投資家は必死で将来に向けて勝負している企業を見放してしまいます。勉強している子どもに「お前はダメだ」と決めつけてしまうのと同じことです。この努力がバネになって、いつか実を結ぶだろうと気長に待っていただきたいのです。

親が子どもを見るように、長い目で見られない投資家が多すぎると感じます。メディアに情報が溢《あふ》れすぎているのかもしれませんが、特に日本は、こうした投資の本質が抜けてしまっているように思います。多くの人が目先の数字、「おトク」みたいなものに目を向けがちです。

「新NISA」についても、皆さん、「おトク」というところばかり気にしています。「税制がおトク」なのだとわかっているならまだいいのですが、いまだに「新NISAを買いたいんですけど」と言ってくる人もいます。こういう人には、「新NISAは制度ですから、新NISAを使ってどんな商品を買うのかから考えましょう」と伝えています。

もちろん、「新NISA」をきっかけに投資を考えることはよいと思います。ただし、あくまでも投資は心静かに「待てるよ、いつまでも」という気持ちで、10年は見守っていただきたいのです。

「預金から投資へ」という変化の時代

「NISA」「新NISA」をきっかけに国民の目を投資に向けさせ、日本人の資産の半分以上を占める現金と預金を投資へとまわしたいというのが政府の狙いです。

　こうした時代の変化を考えるには、アメリカの歴史と対比するとよいと思います。1920〜30年代のアメリカは、今の日本のような預貯金大国でした。この預貯金を動かしたいと考えたアメリカ政府は、まずクレジットカードをカリフォルニア州で普及させます。クレジットカードは借金ですからアメリカ人も初めは「借金をさせるのか」とびっくりしたようですが、やはり便利なので次第に多くの人が使うようになりました。となると、店も導入しないわけにはいきません。ちょうど少し前の日本のようですよね。アメリカは日本より30年くらい先を行っていると考えてください。

　クレジットカードはアメリカ全土にどんどん普及し、国民が気軽に使うようになり、アメリカは気づけば借金大国になっていました。そこで政府は1970年代後半から、「自分の未来は自分で考えるべき」として個人の資産運用を推進したのです。日本で言う確定拠出年金のような制度も設けました。私が感心したのは、アメリカ政府が「何も考えない国民にはリスクを取らせよう」と目論み、「運用すればリターンが得られる。けれどリスクもありますよ」という原則を国民にきちんと知らしめたことです。

対して日本は「自分の将来は自分の責任で考えよう」と言えない国です。アメリカに遅れること約30年、個人型確定拠出年金制度を設けたのはよいのですが、「リスクを取らせると国民がうるさいから、リスクを取らせない運用をしよう」と初期設定（デフォルト）を預金にしてしまったのです。いまだに加入者の半分くらいはデフォルトの預金のまま放ってありますから、資金はほとんど増えません。インフレを考えると、むしろ目減りしてしまっているのです。

「リスクはあっても個人の責任で考えて運用しなさい」というアメリカと、「国民にリスクを取らせるのが怖い」という日本。

「自分の資産を自分の責任で運用してください。リスクもありますがリターンもあります」ときちんと言わないのが日本政府です。

しかしＮＩＳＡ、新ＮＩＳＡ導入、学校で子供たちへの金融教育も始まるなど、ここ数年の間にいよいよ日本は本格的に「貯蓄から投資へ」、つまり「お金を働かせましょう」という国へと変わってきています。「新ＮＩＳＡ」はその最終章のようなかたちだと思います。アメリカのようにはっきりとは言いませんが、日本政府は「自分の未来は自分で考えましょう」と国民の背中を押しているのだと思います。

今こそ、日本人には自分の資産は自分で守る、増やす覚悟が必要なのです。

Column
4

ESG投資こそ長期で、選ばない勇気も必要

ESG投資という言葉をご存じでしょうか。ESGは、E＝Environment（環境）、S＝Social（社会）、G＝Governance（ガバナンス、企業統治）の頭文字です。環境や人権に配慮して、会社の体制をしっかり整えましょうという企業に投資家が投資する、すばらしい考え方です。

ところが、「利益が出ないからお客様のリターンにつながらない」と手を引くファンドも多いのです。ファンドというのは、もちろん「顧客へのリターンを最優先する」というミッションのもと運用しているのですから仕方ない部分はあるのですが、それでもこれはあまりにも残念過ぎます。

本来ならESG投資こそ、長期で考えないと意味がないと思います。

言ってみれば、こうした言葉がない時代から、さわかみ投信は「ESG」の観点

も含めて投資する企業を決めて来たとも言えます。ただし、私たちが投資したいのは、「EとSがあってGがない」企業です。なぜなら、Gの改善ポテンシャルが成長部分、つまりは株の値上がり部分になる可能性が高いからです。何年かはかかると思うけれど、EとSがあれば成長してくれるだろうと信じる――これが長期のESG投資と言えます。

投資する一方で、「投資しない」勇気も必要です。環境や人権に配慮せず、儲けばかりを追っている、そんな企業はいくらリターンが大きくても投資をしない。長い目で世界、日本経済や社会のことを考えたら、必要なことです。誰とでも仲良くするのではなく、本当に将来いい友人になれそうな人と仲良くする。本当に嫌だと思ったら、口もきかないくらいの勇気が必要です。

第四章

これだけは知っておきたい50代からの長期投資十二箇条

恥ということを打ち捨てて
世の事は成るべし

――坂本龍馬

一　自分軸を定めましょう！

　これだけは100回でも言わせてください。投資というのは何か目的があってするものです。老後の生活のため、趣味のため、店を持つためなど人それぞれですが、目的と目標金額がはっきりしている人ほどブレずにしっかり長期投資をされています。目的がない、またはあったはずなのに忘れてしまう人もいます。こういう人ほど相場を追いかけて一喜一憂したり、焦って売買したり、生活に支障をきたすような額をつぎ込んでしまったり……。そんな例を見てきました。だからしつこく言うのです。

「何のためにいくら必要なのか」という「自分軸」を、ことあるごとに自分に問いかけ、確認してください。

二 株式は「投資の王様」だ！

投資先、つまり金融商品には株式、債券、為替、金、不動産、ビットコインなどがあります。

この中で、株式だけが持っている特徴があります。それは「成長する」という点です。たとえば金は今、大人気で、価値は上がっていますが、金自体が増えたり、金が「がんばるぞ！」と奮起したりしているわけではありませんよね。欲しい人と売りたい人との需給の関係で価格が決まるのです。

債券は満期まで保有すればいくらと決まっていますし、為替投資は通貨の価格差で稼ぐもの。

唯一、株式だけは、企業そのものであり人間の集合体です。「投資してくれた人たちのためにもがんばるぞ」と成長もすれば、逆になってしまう場合もあります。つまり株式だけが「人の意志で成長でき、価値を上げることができる」投資先なのです。そしてその企業の成長、社会や人々の役に立つことができる――。これが、さわかみ投信の投資先が株式中心である理由です。

三　企業も人も一緒。落ち込んでいる時にこそ寄り添うべし

どんなにしっかりした企業でも、業績が悪くなったり、また先行投資で経営上の数字が悪くなったりすることはあります。そんな時に株を売ってしまうのではなく、寄り添ってほしいのです。友だちだってそうですよね。辛い時、悲しい時にこそ友だちに一緒にいてほしい。

「損切（ロスカット）」と言って、たとえば「10パーセント損したらもうその株は売ってしまう」と決めている投資家も多い。一つの手法であり、仕方がないとは思うのですが、友だちが大変な時に逃げるようなもの。

個人的には、こういうやり方は投資家として無責任だと思っています。

力のある企業なら必ずまた上がってきます。長期投資は企業に寄り添うことなのです。

ただし、「昔買った株がもう下がってしまって」という場合もありますよね。でもコストを考えると、もったいなくて売れない……。そんな場合は手放してください。その企業に思い入れはありますか？ もし今だったらその株を買いますか？ 買わないのであれば、思い切って手放して、これから持ちたい株にシフトしましょう。

四 「歴史ある企業の新しい事業」を見よ

企業が何を生むかというのは本当にわかりません。その企業にいる人たちの創意工夫から生まれるからこそロマンがあり、投資のしがいがあるのです。

たとえば製紙業というのは古くからある産業です。紙と言えばティッシュペーパー、トイレットペーパー、コピー用紙に便箋、ノートなど生活になくてはならないものばかりですよね。けれどペーパーレスの流れもあり、厳しい経営状況の製紙会社も多い。その中で、いかに必要とされる商品を作るかが企業の力だと思います。

たとえば徳島県に阿波《あわ》製紙という会社があります。どんな商品を作っているのかを聞いたら、自動車のギアの間に挟む紙を作っているそうなのです。滑らないように薄く、しかも圧に負けない丈夫な紙を開発したわけです。超ハイテクですよね。

富士フイルムが、カメラフィルムの需要が少なくなっていく中でサプリや化粧品の開発をして成功した例は有名です。こうした、長い歴史を持ちつつ技術開発を重ね、時代に合わせて柔軟に対応できる企業は本当に強いと思います。

私は歴史のある企業の新しい事業にも注目しています。

五　YouTubeやネット、情報を鵜呑みにしない

はっきり言って、この業界には「知ったつもりの人」が多いです。メディアの人たちも、私たちから見ればかなり間違っています。一般人が間違うならいいのですが、メディアが間違ったりウソを書いたりすると、それが「本当のこと」になってしまいます。YouTubeもかなり間違いが多い。けれど、こうした情報を見た人にとっては「事実」になってしまうから困ったものです。また評論家は、わからなくても何かしら予想しなければなりません。当たるかどうかは別問題。彼らは「言葉」で商売をしているので仕方ないですね。

こうした情報をたくさん集めて、詳しそうな投資家もいると思います。けれど、そういう人に対してコンプレックスを持つ必要はまったくありません。用語についても同じです。よく「PBR」「ETF」などの金融用語を使って話す方がいますが、一般の人が無理をして知る必要はないと思います。必要ならばその時検索すれ

ばいいのです。

大事なのは情報を鵜呑《うの》みにしないこと。メディアなどに振り回されず、生活の中で「この商品はいい」という実感を持って投資する企業を決めたほうが断然よいと思います。

六　絶対消費者目線！　投資家の前に「消費者」であれ

私が大事にしているのは、「消費者」であることです。これは投資する皆さんもまったく同じで、投資家である前に「消費者」であることを大事にしていただきたいのです。たとえば、毎日スーパーなどで買い物をする人は価格に敏感なはずです。「最近、大根が高い」という現実を感じています。対してスーパーに行かない人は、新聞を読んで「こういう理由で大根が高い」という情報は得ていても、現実を知らないことが多い。こうした生活者目線、「生活の軸」はとても大事です。

たとえば、「ある食べ物が流行っている⇓投資しようか？⇓でも食べてみたらあまりおいしくない⇓たぶん広告費をたくさん使っただけ⇓半年後には消えるだろう」。

こういう発想は、金融のプロより一般の人のほうが強い。現実に自分のお金で買って食べるからこそ実感があり、現実的な投資ができると思います。

生活の軸を持っていれば、「定期的に絶対に買う」「これがなくなったら困る」というような商品がいくつかはあるのではないでしょうか？　その商品を10年後も20年後も使っていたいから買う、そして投資するという発想を大事にしていただきたいと思います。

七　投信会社、二股、三股は当たり前！

私は初めて投資信託（ファンド）を買おうとしている人に、「5つくらい買ってみてください」と勧めて、よく驚かれます。それはそうですよね。他社の商品も買ってくださいと言っているのですから。

でも、本当にそのほうがよいと思うのです。投資信託にはそれぞれの投信会社のポリシーや思いが込められています。そして人間が関わることですので、投資する人との相性もあります。初めに5つくらい、1万円ずつでよいので買ってみて、徐々に相性を見ていくのがよいと思います。もちろん満足できるなら、そのまますべて持っていてもかまいません。

さわかみ投信のファンド仲間の中にも、ほかのファンドを買っている人がもちろん大勢いらっしゃいます。

八　新NISAで「バスに乗り遅れるな」はキケン

2024年は、新NISAスタートもあって投資を始める人がとても増えています。それは悪いことではないのですが、一種の投資ブーム、バブルのようになっているのがちょっと怖いですね。

「バスに乗り遅れるな」とばかり、自分の許容度、商品のリスクなどを考えずに投資をしまくって、大やけどを負う可能性もあるのです。しかも今はバブル期以来という株高の時期。本当なら投資を始めるには株が安い暴落の時がチャンスなのです。同じ金額でよりたくさんの株を買えますし、よい企業の株も下がっている可能性が高いのですから。

今は新NISAスタートに加え、株価も高いので、金融関連の会社はどんどん広告費を使っています。テレビでも「新NISA」や投資関連のCMを見ない日はないくらいです。

「皆が始めているから」と決して焦らずに、今のような株高の時期に投資を始めるなら、まずはつみたて投資からがお勧めです。

九　つみたて投資は「定額」にすべし

つみたて投資には大きく分けて2種類の方法があります。毎月同じ額で株や投資信託を購入していく「定額」と、毎月同じ数の株数（投資信託であれば口数）を購入する「定量」です。

定額では、相場によって購入できる株数や投資信託の口数が変わります。当然、高ければ少ししか買えませんし、安ければたくさん買えます。「だったら『定量』にしたい」という人もいるかもしれませんが、私はお勧めしません。

賭《か》け事もそうですが、人間というのは損得に熱くなってしまうものなのです。「定量」だとどうしても相場に合わせる必要が出てくるため、次第に相場に一喜一憂してしまう人が多くなります。定額のよさは、たとえば、毎月投資にまわすお金の基準は月収の約5パーセントと決められること。つまり、生活が先にあるのです。

そのうえで、明らかに株価が下がった暴落の時期には、ある程度まとまったお金で「スポット買い」をする。このような「定額＋スポット買い」の組み合わせがベストだと思います。

✚ 時間を味方につけよ！

時間というのは、誰にとっても1秒は1秒、1分は1分。全世界のあらゆる人にとって平等なものが時間です。だから私はせっかちです。したいことがたくさんありすぎるので、食事も5分で済ませたいくらいです。無駄なお金を使うのはきらいですが、時間を確保するためならタクシーにも乗りますし、新幹線も使います。けれど、どんなにお金持ちでも1日を25時間にすることはできません。私は、プロの投資家以外は情報収集に時間を費やすべきではないと考えます。家族や友人と過ごす時間、趣味に使う時間にすべきです。投資はプロに任せましょう。

時間はお金では買えません。ただし時間でお金を育てることはできます。長期投資は時間を味方につけることです。コツコツとつみたて、10年、20年……。いつか予想以上の資産に育っています。

十一「金は天下のまわりもの」は真実だ

ことわざで「金は天下のまわりもの」と言いますが、これは本当に正しいのです。シンプルに考えてみてください。皆がお金を最小限しか使わずタンス預金にしていたら、世の中に流通するお金の量が少なくなってしまいますよね。当然、経済は冷え込んでしまいます。

お金は、使う人から人へ、企業から企業へ、企業から人へ……と、グルグルまわるものです。まわらなければ意味がありません。日本の問題は、高齢者がお金を持っているにもかかわらず「将来が不安」だと抱え込んでいることです。景気をよくしたいと思うなら、個人としてできることは抱え込むより使うことです。そして、できれば好きな商品やすばらしいと思うものに使いましょう。そして日本に住んでいる人だったら、できるだけ日本企業や日本の製品にお金を使ってほしい。それが日本経済をよくすることにつながるのです。

忘れないでください。お金は使ったら消えるのではありません。めぐりめぐってあなたのもとに戻ってくるのです。

十二　投資は社会育成である

自分自身の生活や消費活動がこの国の経済をまわしていると考えれば、お金に関する考えが変わってきます。日本人はお金について話すことが苦手だったり、おおっぴらに話すのは恥ずかしいことと思う傾向があります。お金は何をするにしても必要なのに、なぜかお金について話すのはこっそり……という文化。投資についても下品なイメージを持つ人も多いようです。

けれど、消費活動が経済に役立つのはもちろん、投資をすることが景気をよくすることにつながると考えれば「下品」なんていうイメージは吹き飛ぶでしょう。それどころか、投資は企業を応援することなのですから、社会に役立つのです。

私は、さわかみ投信という会社の存在、営業活動そのものが社会貢献だと思っています。将来に対して不安ばかりで、一歩足が踏み出せない多くの人たちのお金の不安を解消することで、皆が勇気をもって前に進むことができる。閉塞感を打破できるのです。

投資は社会育成です、胸を張って始めましょう。

●今さら聞けない12の用語

投資を始めるのに、特別な用語や知識は必要ありません。ただ、最小限の用語を知っておくと役立つと思います。

❶ロスカット（損切り）

投資において一定の損失が出た段階で決済し、損失を確定すること。「損失10パーセントになったらロスカット」というように基準を決めている投資家もいます。日本語では損切り。ロスカットは和製英語で、英語では「Loss Cutting」となります。

❷インデックスファンド

インデックスとは指数のこと。インデックスファンドとは、株価指数などの指標に連動した運用を目指す投資信託です。インデックスには日経平均株価、ダウ平均株価などの株価指数、債券指数、REIT（不動産投資信託）指数などがあります。

❸ プライマリーマーケット、セカンダリーマーケット

プライマリーマーケットは発行市場とも呼ばれます。企業や国などにより、新たに発行される株式や債券などを投資家が購入するマーケットを言います。発行体にとっては資金調達をするための場であり、投資家にとっては新たな投資の場です。具体的な場所があるわけではなく、抽象的な概念です。

セカンダリーマーケットは流通市場とも呼ばれます。すでに発行された株式や債券を売り買いするマーケットのことです。

❹ 上場・非上場

上場は、企業が発行する株式を証券取引所で売買できるようにすること。審査を

経て、一定の基準をクリアした企業が上場できます。

対して非上場は、株式が証券取引所に流通していないこと。基準を満たさず上場できない企業もあれば、サントリーホールディングスやロッテなどのように、あえて上場しない大企業もあります。非上場の株式を買いたい場合、その株主と直接交渉し、価格も双方で決めることになります。

❺ 時間分散・資産分散

時間分散は投資タイミングの分散のこと。「ドルコスト平均法」のような複数回に分けての投資、または複数回に分けての売却です。買値または売値が平均化されることによって価格を平準化させようという狙いがあります。

資産分散は金、債券、不動産など、値動きが異なる様々な金融商品に分散させ、リスクを減らそうとするものです。

❻ ETF (Exchange Traded Fund)

Exchange（取引所）でTraded（取引）されるFund（ファンド、投資信託）です。日本語では、東京証券取引所などに上場している投資信託ということで「上場投資信託」と呼ばれます。

これまで日本のETF制度ではインデックス型しか組成・上場できませんでしたが、2023年度にファンドマネージャーが銘柄を選んで投資するアクティブ型のETFが導入されました。

❼ PBR (Price Book-value Ratio)

日本語では株価純資産倍率。企業の株価と純資産の比率を示す指標で、単位は「倍」。株価が割安か割高か、妥当性を判断する目安として用いられます。PBRが1倍の場合、株価と会社の純資産が同じであり、株価は適正価格と考えます。業種にもよりますが、1倍を上回ると株価が1株当たり純資産に比べ高く評価されているので割高、反対に1倍を下回る場合は株価が割安と考えられます。

計算式は、PBR＝株価÷BPS（1株当たり純資産）。

※BPS＝純資産÷発行済み株式総数

❽ ポートフォリオ（Portfolio）

もともとは複数の書類をまとめて持ち運ぶケースの意味。金融の世界では、投資家が保有している株式、債券、預金、不動産など金融商品の内容や組み合わせ、資産構成のことを言います。

❾ NISA、新NISA

NISAはNippon Individual Savings Accountの略。NISA口座を利用することで、株式や投資信託の売却で得た利益にかかる約20パーセントの税が非課税になる制度で、2014年に誕生しました。

2024年からは保有限度額や年間投資枠が上がり、非課税保有期間が無期限になるなど改正された新NISAがスタートしました。

⑩ iDeCo（個人型確定拠出年金）

自分が拠出した掛金を自分で運用し、資産を形成する年金制度。掛金は65歳になるまで拠出可能で、60歳以降に老齢給付金を受け取ることができます。

掛金が全額所得控除、運用益が非課税で再投資できるなどのメリットがあります。

⑪ アセットアロケーション

ポートフォリオ内の各資産の割合を調整することにより、リスクとリターンのバランスを取ろうとする投資戦略。リスクを回避しつつ、より安定した高いリターンを獲得することを目的に、どの資産にどのような割合で投資すべきかを決定します。

⑫ ESG投資

ESGは、Environment（環境）、Social（社会）、Governance（ガバナンス）の頭文字。ESG投資とは、これら3つの観点「環境、社会、ガバナンス」に配慮した経営を行う企業に投資すること。つまり売上高や利益など財務情報だけではなく、ESGへの取り組み状況という非財務情報の要素も考慮した投資ということです。

Column
5

東証のPBR改革は的はずれ

PBRは、株価純資産倍率のことです。企業の株価と純資産の比率を示す指標で、純資産＝株主資本、つまり株主の持ち分に対して株価がどの程度に評価されているのかを示します。

PBRが1倍の場合、株価と企業の純資産が同じであり、株価は適正価格。1倍を下回る場合、株価が割安と考えられます。

2023年3月、1倍を割れている企業に対し、東証は具体的な改善策を明示するように求めました。1倍未満ということは、株主資本に対して時価が割れている状態のため、是正を求めるのは仕方ない部分もあるでしょう。しかし、それを企業側が誤った解釈をしてしまっている例が少なからず見られます。

本来の改善策は、様々な企業努力をし、投資家がそれを評価して株価へ反応するのが本質でしょう。しかし、企業がまったく主旨をはき違えているのです。

PBRの計算式は、

PBR＝株価÷BPS（1株当たり純資産）

※BPS＝純資産÷発行済み株式総数

計算上PBRを大きくするためには、BPSを減らせばいいことになります。たとえば、多くの企業が低採算事業の再編、自社株買い、増配などを改善の具体策として表明するのですが、過剰な株主還元は企業の未来を損なう可能性もあります。

こうした近視眼的な株価対策をするより、しっかりと将来に向けて事業を伸ばしましょう、あるいは新規事業に挑戦しましょう、と私は言いたい。対して、株主は短期的な株価の動きに一喜一憂せず、企業を見守るべきなのです。

第五章

世界一ヘンな投信会社の挑戦

結果がすべて、
それも自分の意思と意欲と誠実さを
出し尽くした結果が

――澤上篤人

私たちとしては極めて「真っ当な投信会社」だと思っているのですが、様々な話をすると驚かれたり、「変わってますね」と言われたり……。私たちからすれば、多くの大手投信会社の方がよほど「ヘン」。ですから、逆の逆で「ヘンな投信会社」は誉め言葉だと受け取っています。いかがでしょう、私たちの「ヘン」をたっぷりご覧ください。

「投資はしなくていいですよ」と言う

私は「投資はした方がいいですか？」と聞かれたら、まずは「しなくてもいいんですよ」と答えます。投資信託会社の代表である私が言うのですから、たいていの人が驚かれますが、本当にそう思うのです。だって、「投資」よりも大切なのは「どう生きるか」。かっこいい大人としてどう生きるのかだと思うからです。

お金持ちでなければかっこいい生き方ができないわけではありません。たとえば野菜や米を作り、自然の中でゆったりと暮らす。あるいは定年後は趣味の映画と音楽をネットで楽しみ、その感想をSNSにアップすることが生きがいという人もいます。もちろんある程度の生活費は必要ですが、「本当にお金は少しでいい」という人もおられました。定年後は旅三昧だけど、「青春18きっぷでまわるから、そんなにお金はかからない」という人もいます。

こうした人が無理に投資する必要はないというのが、さわかみ投信の考え方です。ただし、何か「夢」のためにお金が必要な人、お金に不安を持っている人は別です。こういう人には、「でしたら、プロの私たちに任せてください」と言います。

営業も一切しません。投資を考えている人、また投資をしてくださっている人のサポートのために「ご縁の窓口」という電話窓口があるだけです。さらには、意見広告は出しても営業広告はほとんど出しません。無理なセールスは弊社にもファンド仲間にも百害あって一利なし。そういうセールスに人や時間を割くより、ファンドの価値を上げることに力を入れたほうが、お互いにハッピーではないですか。

金融商品の販売会社は手数料で成り立っています。実は金融商品にもアパレルなどと同じようにセール期間があります。この時期になると「たくさん売って、大きく稼ごう」と営業部隊が尻を叩かれる……。顧客の利益より手数料が稼げればいいという金融機関をたくさん知っています。

私たちは、こうした姿勢とは一線を画していると自負しています。ファンド仲間がお金の不安から自由になり、私たちもまた利益を得て、共に幸せになること。これが一番大切なのです。

投資者を「ファンド仲間」と呼ぶ

ファンドとはシンプルに言えば、たくさんの人たちからお金を集め、数千億円という大きな資金としてまとめ、投資のプロであるファンドマネージャーが運用をして、皆で利益を分かち合おうというものです。ファンドマネージャーはプロとして経済動向、相場、国の金融政策など、あらゆるデータを分析し運用します。

また前にも書きましたが、私たちはデータだけで投資を決めるのではありません。商品やサービスを見るのはもちろん、実際に経営者に会い、メーカーであれば工場の現場を見るなどその企業の力を徹底的に見ています。

さわかみファンドは１９９９年に運用をスタートしました。創業者・澤上篤人の「これからの日本には一般生活者の資産運用こそが重要」という考えのもと誕生したのです。大手証券会社や銀行のグループに属さず、しかも販売会社に託さずにファンドを販売する、日本初の「独立系直販投信」です。以来、一貫して一般生活者を対象に「さわかみファンド」のみを唯一の商品としています。

独立系だからこそ証券会社や銀行といった販売会社におもねることなく、自分たちの判断で投資すべき企業が選べ、投資先に私たちの思いや願いを託すことができます。

25年近くも経済の荒波を乗り越え、「さわかみ丸」はファンド仲間の想いをのせて、航海してきました。

「ファンド仲間」。すばらしい言葉ですよね。素敵なファンド仲間がたくさんいらして、ホームページやSNSなどに近況を紹介してくださったりしています。皆さん、生き生きと何かに打ち込み、これこそ私たちが言う「かっこいい」生き方だなと思わせてくれる人ばかりです。

これから投資を始める人や、投資を始めたばかりという人も、こうしたファンド仲間の例を見て「なんだか元気になります」「私も仲間になったと思うとうれしいです」と言ってくださいます。

「新NISAならSBI証券へどうぞ」と言う

2024年は、新NISAスタートをきっかけに投資を始めようという人は多いと思います。投資で得た利益に約20パーセントかかる税金が非課税になるのですから、投資を考えていた人の背中を押す、よいことだと思います。ただ、私はセミナーなどで「新NISAならSBI証券へどうぞ」と言って、参加者にびっくりされています。

なぜ私はこんなことを言うのでしょうか。SBI証券は今取り扱っている金融商品の数では、おそらく日本一でしょう。新NISAで投資を始めるというなら、様々な商品の中から自由に選べるのが理想だと思うのです。対して、さわかみ投信にNISA口座を開いても、さわかみファンドしか買えません。さわかみファンドという一つの商品だけを作り、また販売もする直販会社だからです。私はよく「さわかみファンドは、野菜で言えば産直ですよ」と説明しています。自信を持って作った商品であり、思いを持っているからこそ、ファンド仲間にはその思いを共有したい。販売会社に任せては、そのよさを伝えられない恐れがあるので直販のみにしているのです。

多くの運用会社は、ファンドを作り、販売会社に卸しています。農家が野菜を作ってスーパーなど小売店に卸すのと同じです。私たちは卸さずに自分たちで売る「産直」というわけです。

もし一人1口座しか開設できないNISA口座をさわかみファンドに作っていただくとすれば、その人の選択肢を奪ってしまうことになると思うのです。ですから、「ほかのファンドを買いたくなるかもしれない」「いずれ個別株もやりたい」などという人には、「SBI証券へどうぞ」と言います。

もちろん、「さわかみファンドを買いたいんです」と決めてくださっている人には、「では新NISAを使ったほうがいいですよ」と言います。

また前章でも書きましたが、ファンドも一つに決め打ちしないほうがよいと思います。まずはいくつか、私は5つ以上がいいと思いますが、1万円ずつくらい投資してみる。そこからお付き合いをして、ファンドの個性を見ながら絞っていけばいいと思います。

わからないものは「わかりません」と言う

「澤上さんは、相場について『わかりません』とはっきり言うんですね」

セミナーの参加者の人に驚かれたことがあります。その人が驚かれたのはおそらく、多くの金融機関の人は「わからない」ではなく、「将来のことはお約束できません」というような言い方が得意だからかもしれません。でも私は本当にわからないものはわからないので、正直にそうお伝えしています。ちなみに、セミナーで興味がない話題の質問が来ると「興味がありません」と答えます。これもまたとてもびっくりされますが……。

セミナーでは投資の考え方などはきちんとお伝えしますし、説明できることはしっかりとします。けれど私たちは評論家や占い師ではないので、予想や推理を披露することは必要ないと考えています。逆に知っているように見せて、ウソをつくほうが恥ずかしい。

わからないことを「わかりません」と言うことは、まったく恥ずかしいことではありません。「正しくわからない」のです。私が覚えているのは、リーマンショックの2008年末、ある大手上場企業の社長が期末の決算予想を出さなかったことです。アナリストや投資家たちは怒りましたが、なんと言ってもリーマンショックの嵐が吹き荒れていた時期です。私はこの社長の態度はむしろ誠実ではないかと思いました。だって、誰にもこれからどうなるのかわからないのですから。これもまた「正しくわからない」のです。

わからない、だから自分で考えてリスクを取って行動する。たとえば東日本大震災、新型コロナのパンデミック、能登の震災……。誰も予想できなかったですよね。何が起こるかわかりません。けれど何が起こったとしてもそれに備えた体制を構築しています。その時、相場がどうなるかはわかりませんが、「どういう状況になったとしてもベストを尽くします」ということははっきり言えます。

投資先はすべてオープン。企業との交流も

今、さわかみファンドは133社に投資をしています。ファンド仲間はどんな企業に投資しているのか、すべて見ることができます。これは当たり前のようですが、実はファンドとしてはとても珍しい。ファンドは投資先を非公開にするのが普通なのです。一般のファンドは投資先を頻繁に変えるので、公開したくてもできないという事情もあるかもしれません。私たちは10年、20年とその企業の株を持ち続けま

すが、多くのファンドが株式を保有する期間は半年くらいではないでしょうか。
今年夏に一新するＷＥＢサービスでは、さらにその１３３社について詳しく見られるようになる予定です。

また公開するだけでなく、私たちはファンド仲間に投資先企業の人々と交流する機会を設けています。一つは、年に一度催している「さわかみファンド運用報告会」。参加してくださる企業は約30社。会場にブースを置いて、参加したファンド仲間と話をしていただくのです。運用資金がどのような商品、サービスになっているのか、これからどんな開発をしたいのかなどを投資先企業の人から直接説明していただきます。

もう一つは「企業訪問ツアー」。投資先企業をファンド仲間が訪れるというものです。人数制限があるため抽選制ですが、どなたでも応募していただけます。この「企業訪問ツアー」については、おもしろいエピソードがあります。

ある投資先企業、仮にA社とします。A社の担当者が、就職試験の面接を受けに来た学生に「なぜうちを知ったの?」と聞きました。するとその学生は、「父から勧められました」と答えたそうです。じっくり聞いてみると、学生のお父様が弊社のファンド仲間で、A社の「企業訪問ツアー」に参加したところ、すっかり気に入り、ことあるごとに「いい企業だ」と話していたというのです。そこでその学生が就職を考えた際、A社が浮かんだわけです。私たちにとってすばらしい投資先企業であるA社とファンド仲間のお子さんがつながったという、とてもうれしい話でした。

アナリストの勉強会をオンライン中継

投資先をどうやって選んでいるのか、と聞かれることがよくあります。

私たちはプロとして様々な企業を見ていますし、また新しい技術や商品、サービスにアンテナを張りめぐらせています。

アナリストがしっかりとリサーチした企業の情報を持ち寄って話し合いますから、会議はとにかく熱い。投資が決まるまで3、4年かかることも珍しくありません。

第三金曜に開かれるアナリスト勉強会は、ファンド仲間以外の人でも、どなたでもＺｏｏｍで見ることができます。以前は毎週金曜日、対面で行っていたのですが、コロナ禍を機にオンラインになりました。ただ、オンラインのほうが遠方の人も見られるので、参加する人は増えています。リアルの時は40、50人くらいだったのが、今は１００人くらいでしょうか。所属は明かさないのですが、ほかの証券会社や投信会社の人、プロ中のプロも来ているのがわかります。

こんな投信会社があってもおもしろいのではないでしょうか。

役員みんなが本を書くほど、文章が上手で好き

ファンド仲間には、毎月「長期投資だより」をお送りしています。また、ウェブでもご覧になることができます。２０２４年1月号の内容をちょっとご紹介しましょう。私のコラム「澤上龍の先憂後楽」や取締役熊谷幹樹のコラム「未来飛行」のほか、取締役最高投資責任者・黒島光昭の連載「広く、深く、遠く」など、中身はかなり濃いと思います。

私のコラムのテーマは「自由の国・ニッポン」。大谷翔平選手のアメリカン・ドリームから、自由と平等の意味を考えてみたのです。一部引用してみましょう。

「自由の国・ニッポンは、自由の意味をはき違えている。自由とは『自由に選択する権利』のことだ。選択は自ら行うものであり、当然その結果には責任が伴う。自由に権利主張しておしまい、ではなく、選択から始まるのだ。平等の国・ニッポンは、機会の平等ではなく〝結果の平等〟にこだわりすぎる」

はっきり言います。経営陣がこのような濃いコラムを書く運用会社はほかにありません。

なぜ毎月このような冊子を発行するのか。投資信託とは「信じて託す」ものです。運用している人間の考えをファンド仲間に伝え、人間のあり方を見ていただくことが何より大切だと考えているからです。「ああ、この人たちになら託してもよいな」と思っていただけるかもしれないし、逆に「この会社はやめておこう」と思う人もいるかもしれません。投信会社もまた人で成り立っており、人と人の相性がありますから、それは当然なのです。

新入社員がセミナーの講師に！

弊社の新入社員は、入社半年後に必ず一度セミナーの講師を務めます。どんな社員も免れません。私たちの会社は、大切な資産をお預かりする仕事です。すべての社員が、ファンド仲間がどんな気持ちで預けておられるのかを知らないとだめだと思うのです。「私はシステムを作りに来たので」と言っていてはいけません。

一方で、ファンド仲間にとっては私たちのポリシーや考え方に投資するのではなく、結局は運用する「人」だと思うのです。「どんな人間がいるんだろう」と見てもらうことが必要だと考えています。私たち社員はファンド仲間の思いを知り、ファンド仲間は社員にはどんな人物がいるのかを見る、双方ともに大事なのです。

先日も入社半年の女性社員が講師を務めましたが、決して説明はうまくありませんし、間違っている点もありました。本当なら30分以上話させた後で私が出ていくのですが、我慢できずに早めに出てしまいました。話すことはできても、質疑応答は新入社員には難しい。ほぼ無理です。

セミナー参加者の中にも「なぜ新入社員を出すの？」と思う人もいるかもしれません。でも、こういう風に社員を育てているのだとオープンにすることが、ファンド仲間との信頼関係につながると考えているのです。

合言葉は「お金をまわそう」

私は、さわかみ投信の営業活動自体が社会貢献だと思っています。多くの人が投資をし、お金の不安を解消する。その結果経済がまわり、日本の未来を育んでいるからです。

これは十分、社会貢献だと言えると思います。

ですからそれ以上のこと、企業活動としての寄付などは考えていなかったのですが、やはり社会をリサーチしていると「見える」ものがたくさんあるのです。芸術分野やＮＰＯなど、すばらしいことをしているのにお金がない……。そこで、さわかみ投信ではできないけれどグループとしてはできるね、ということになり、グループ内に様々な財団が立ち上がったんです。

その一つが、公益財団法人「お金をまわそう基金」です。子ども支援、地域社会支援、スポーツ支援、文化伝統技術支援と大きく4つの分野で、支援者と寄付先となる団体をつなぐことが目的です。寄付をしたい人は、サイトからジャンル別やキーワードからNPOなど寄付先を選べます。逆に助成を受けたい団体も、「お金をまわそう基金」から応募します。寄付したい人と、寄付を受けたい団体をマッチングするイメージでしょうか。受け取った寄付は、手数料などを引かず100パーセント寄付先に届けています。

また、「知見や視野を広めてほしい」という思いから、私たちは社員の副業も応援しています。副業で多いのは、こうしたNPO法人の理事などです。いずれこうした社員が、さわかみグループ内で起業するのもいいのではないかと思います。

ユニークなところでは、「いつか寿司職人になりたい」と寿司屋で働いている社員もいます。夢を持つのはすばらしいこと、これからも社員の夢を応援していきます。

夢といえば、「かなえたい夢プロジェクト」も開催しました。

ｎｏｔｅで「#かなえたい夢」というテーマで記事を投稿していただき、その中から「応援したい」と思う夢を、さわかみ投信とファンド仲間とで選定。選出された夢を、さわかみ投信が実現に向けて「応援」するというものです。

私たちにとって「応援」とは単にお金を投資することにとどまりません。相手と共に考え、共に歩む。そこに頑張って未来を明るくしようと努力する人がいるなら、私たちは投資に「応援」という意思と想いを乗せていきます。

「応援投資」が広がり循環していくことで、よりよい未来が築かれていく。そして、誰もがよりよく自分らしく生きていける。そんな未来を実現していきたいと考えています。

長期投資は「応援」そのものなのです。

ギブ、ギブ、ギブ、ギブ、とことんギブ。そしていつかはギブン

ほとんどの企業に社是があると思いますが、我が社にあるのは「職場精神」です。まず一つ目。

一、ギブ、ギブ、ギブ、ギブ、ギブ、とことんギブ。そしていつかはギブン

この職場精神には次の言葉が添えられています。

「これは成熟経済における顧客ビジネスの本質であり、当社ではギブ・アンド・テイクの考え方や、テイク・アンド・テイクの利益追求至上主義とは一線を画す。」

どうでしょう、これを定めたのは父・澤上篤人ですが、ものすごい「精神」だと実感します。

職場精神は次のように続きます。全文紹介しましょう。

一、顧客第一主義、されどプライドは高く

・お客様に、それも既存のお客様優先で「どれだけ信頼してもらえるか」を、社員一同、とことん追求する。

・だからといって「お客ぶられる」気はない。

・ご縁が口コミで広がっていくくらいで丁度いい。

一、「時の審判」に耐えられる仕事

・時間が経てばたつほど、実績と信頼が高まる仕事をやり続けることに、自己充実感を覚える。

・その人の理念や生き様は、時間の経過が、すべて白日の下にさらけ出してくれる。

一、結果がすべて。それも自分の意思と意欲と誠実さを出し尽くした結果が

・運用ビジネスは結果の世界

・どんな状況の変化も個人的な事情も、結果を出した者の前では通用しない

・ラッキーな結果は所詮ラッキーでしかない。再現性ある結果を求めるなら、結果に至る過程を磨き込むべし。

一、頭や心にぜい肉をつけない

・いつも「おかげ様で」「ありがたいことだ」を、心に念じつつ、仕事や人生に真剣勝負を挑み続ける。

・質実剛健かつゆったりと生き、余裕を社会にお返しさせてもらう。

この職場精神は、2005年に全社員の思いを込めて発行した冊子「さわかみファンド純資産1000億円突破記念誌」の1ページ目を飾りました。

寄り添ってくれているかのような、画期的なネットサービス

金融商品の申し込み、取引などはもうｗｅｂサービスが一般的と言っていいでしょう。弊社もファンド仲間向けｗｅｂサービスを運営していますが、私は「機械的」なのがずっと不満でした。

パソコンやスマホは「機械」だから仕方がないとおっしゃるでしょうが、どうにかできないかとずっと社内で議論を重ねてきたのです。

そして、ついに２０２４年、新しいｗｅｂサービスがスタートする予定です。投資先の企業１３３社についてもわかりやすく紹介するほか、一言で言えばあたかも人がいるような「人に寄り添う」システムです。

人それぞれの目標を見たうえで「いいペースです」と伝えたり、「もうちょっとがんばりましょう」というように寄り添うのです。逆に無理して相場を追いかけて

しまうような人には、「あなたの目標はここでしたよね、ゆっくりでいいですよ」と伝えます。

目標や目的、「自分軸」をもとに、その人が今どうすべきかと考えながら一緒に歩む、しかも機械としてではなく人間として対応できるような「仕掛け」のあるネットサービスです。

これだけではわからないと思います。登場をどうぞお楽しみに。

Column
6

創業者であり父である澤上篤人

現在、さわかみグループの総帥であり、さわかみ投信の創業者である澤上篤人。私の父でもあります。

77歳になりますが、彼は自分を不老不死だと思っているのではないか、と思うこともたびたびです。それほどに動きまわり、新しい構想に「走りながら考える」で着手しています。気持ちの若さは健在、むしろ若返っている印象です。肉体はもちろん年齢相応の衰えはありますが、同世代と比較すれば非常に若々しいと思います。

若手社員の飲み会に無理に参加して、途中で眠くなってしまうこともしばしば。周りから見れば「澤上篤人と飲む機会だ！」となりますし、本人も楽しそうなのですが、毎日続くと少し心配です。そこで「ちょっと控えるように」と本人にも、誘う側の社員にも陰ながら伝えています。実は、澤上篤人が社員を誘う方が圧倒的に多いかもしれないのですが……。

この10年というもの、澤上篤人は「さわかみグループ」の活動に全力を投じています。具体的には『さわかみオペラ芸術振興財団』を中心に、『お金をまわそう基金』、最近だとアスリートを支援する会を立ち上げるべく奔走していたりします。

常に新たな道をつくる人で、その後の「道路整備」に社員がヒーヒー言っているのをよく見ます。「できるか、できないか」ではなく「やるか、やらないか」といった判断軸は、さわかみ投信としては特に見習いたいところです。どうしても「できない＝やらない」になりがちですが、「やりたい＝やり方を考え動く」が私にとっても腑に落ちるところです。

イノベーションを起こすのはいつも不可能を可能にする人。そういった点で澤上篤人はグループ随一の挑戦者だと思うのです。ただし、本人が挑戦者過ぎる故に、次なる挑戦者が育ちにくい環境があるとも言えます。世代交代は本人次第、さわかみグループは良い意味でも悪い意味でも課題だらけです。

巻末付録

Q&A

Q1 不動産投資をすすめられましたが、どうでしょう？

A1 不動産投資には大きくわけて2つあると思います。1つ目は築30年、40年という古い建物を買い取ってリノベーションし、付加価値を付けて転売するタイプ。こうした事業をしている人は何人か知っていますが、返さなくてもよい資金を持ち、ものすごい情報、そして「目利き」が必要です。

2つ目は、今流行っている投資用マンションです。手持ちの資金が潤沢にあって、マンションを買って賃貸に出すならまだしも、ローンを組んでまで買うのはオススメしません。常に居住者がいる保証はなく、部屋のメンテナンスも意外に費用がかかります。

また、これは私自身としてですが、不動産にはロマンがないと感じてしまいます。企業ならこれからどんな成長を見せてくれるか楽しみがありますが、不動産にはありませんよね。もちろん前述したように、古い建物をリノベーションして転売しているような人はロマンを感じているかもしれませんが、そのためには安定した資金が必要です。

やはり私は株式投資が「投資の王様」だと考えています。

Q2 投資するべき企業をどういうふうに決めますか？

A2 まず、「数十年後、世の中はこうなっていたらいいのにな」と想像してみてください。そして、「どうしてそれが実現できない？　実現するための技術はどこが持っているだろうか」という視点で企業を見てみてください。

すると、未来にあってほしいものに絶対に必要な技術を持っている、または商品を作っている企業が見つかります。リサーチを重ねたうえで、「長くお付き合いがしたい」という結論が出たならばその企業に投資します。

けれど、一般的には「この株が上がるかどうか」、一般的な相場の読み、様々な要因から予想する「連想ゲーム」で株を買いますよね。どの株をどれくらい買うかという部分では、この「連想ゲーム」が必要な部分はあるのです。けれど見なければならないのは、長い時間軸でその企業が必要とされているか。10年、20年経っても頑張り続けているであろうと本質的な点だと考えています。

Q3 さわかみ投信はサーフィンを応援していると聞きましたが、なぜですか？

A3 さわかみ投信が所属するさわかみグループは、日本プロサーフィン連盟のメインスポンサーです。

きっかけは2011年のこと。東日本大震災、原発問題の風評被害のためスポンサーが離れ、関東地域で続けられてきたサーフィン大会が存亡の危機にありました。プロサーファーたちは、「海を守ろう。海に囲まれた日本だからこそ海から目を背けてはいけない」と、水質調査を行いつつ海の安全性を説き、自ら海に入ってそれを証明し続けました。そんな時、縁あってさわかみグループのソーシャルキャピタル・プロダクションに相談が持ち込まれ、無事大会は開催することができたのです。大会後のスピーチで私はこう言いました。

「サーフィンの魅力を広く伝え、サーファーの地位を皆の努力で向上させていこう。いつの日か、世界のトップ選手が日本の海でサーフィンを楽しむような環境をつくろう」

あれから十余年、業界全体の努力もあり、世界で初となるオリンピック競技としてのサーフィン大会が日本で行われました。さらなる発展のために、私たちは可能な限りサーフィン業界を応援していく気概です。

さわかみグループは、他にもスポーツや文化、芸術、子供たち、そして何より企業や産業を応援していきます。応援とは、相手と一緒に考え、共に歩むこと……そこに頑張って未来を明るくしようと努力する人がいるなら私たちは応援という想いを乗せて投資を行う。サーフィンの応援は長期投資以外の何物でもないのです。

Q4 ホームページに「社長と直接会える投信会社」とありますが、本当に会ってくれますか?

A4 本当です。私が講師を務めるセミナーに参加してくだされば、お会いすることができます。参加してくださった人からは様々な質問が出ます。意外にも金融の質問は少ないので、「もうちょっと聞いてください」と思うほどです。

以前にあった質問は、「自立って何ですか?」「子供がちょっと鬱っぽくて心配なんです」……。運用そのものより、「生き方」「人生の考え方」のような質問が多いのです。答えるときは金融の話よりドキドキしてしまいます。

皆さん、私たちの人間性を見ておられる。人生の考え方を確認し、あとは「運用は任せた」と言っていただけているようで、セミナーを終えるといつも背筋が伸びます。

Q5 とても初歩的な質問なんですが、非上場の株を買うことはできるんですか？

A5 不可能ではありませんが、市場に出まわっていないわけですからその株を持っている人と直接交渉することになります。売値も、交渉の結果決まります。ただ、「株主総会で認められた場合」などという条件が「譲渡制限」として定められていることが多く、簡単ではありません。

最近、非上場企業に個人が投資できるようにしようと政府が動き出しています。私に言わせると、ちょっとおかしな発想となります。非上場企業に「株価」が生まれ、同時に個人投資家保護のために財務諸表の充実や多くのレギュレーションが求められたら……すでにそれは上場と何も変わらないですよね。

もし非上場企業への投資を推進するなら、個人投資家は1年以上売ってはダメ、とか制限を設けるべきだと思います。

Q6 つみたて＋スポット投資の基本はわかりました。スポット投資をするタイミングはどう見たらいいでしょう？

A6 まずは自分軸を大切にし、生活リズムを大切にすることです。運用は私たちに任せ、収入の一定割合を月々つみたて、スポット投資も忘れるくらいでよいと思います。その上で、もしスポット投資のヒントにされるのなら、さわかみファンドの現金比率をご参考になさってはいかがでしょうか。

月次レポートの2ページ目のグラフ「現金等」でご確認できます。現金が減っているということは、さわかみファンドが株式をたくさん買っているということ。つまり、買い時の可能性が高いのです。

Q7 さわかみ投信が投資する134社の中から、ある企業に単独で投資してもよいでしょうか？

A7 もちろんかまいません。ただ、弊社の商品はさわかみファンドのみなので、他社に口座を作る必要があることと、個人では売買のタイミングが難しいと思います。また、134社は現時点ではもちろん自信を持って「本当の力がある企業」だと言えますが、永遠だとは限りません。あくまでも、自分の判断で購入してくださいね。

Q8 昔、買った株が下がってしまい、売るに売れず持っています。どうしたらいいでしょう？

A8 その企業に思い入れがありますか？　今の自分が、もう一度その株を買うでしょうか？　そう問いかけてみてください。もし「NO」なら、いくら損をしても売りましょう。そして、今日からの自分が持ちたい株にシフトすべきです。過去のコストは考えず、時間軸の意識を持ちましょう。投資は未来に対して行うものです。

Q9 澤上さんはどんな情報源を投資に役立てていますか？

A9 経済や投資情報の番組、YouTubeなども含めて、ほとんど見ません。そうした情報の多くは、要因を分析し「こうだから相場はこうなる」という「連想ゲーム」です。

それがまったく無駄とは言いませんが、私たちは連想ゲームではなく、その企業の「実体」を見て投資をしています。

ビジネス書は読まず歴史書をよく読みます。「どう生きるか？」「生きるべき場所で、自分はどうなりたいか？」と考えさせてくれるものが、歴史小説や歴史書にあるからです。歴史は時空を超えて素晴らしいヒントを私に授けてくれ、仕事をしていく上でも非常に参考になるのです。

あとは街歩きですね。人々の営みをじっくり観察しています。

おわりに

「50代から資産運用を始めるなんて遅い？　あと10年もしたら収入もなくなり、つみたて投資もできなくなるしね」

このようなご質問をセミナーの際にいただいたことが本書を出版するきっかけとなりました。

実際には40〜60代のセミナー参加者から過去に何度も寄せられたご質問で、多くのアラウンド50歳が抱いている悩みと言うか、純粋な疑問なのだろうなと感じております。

私はその度に、40〜60代だからこそ持っている武器、さらには最も考えていただきたい「お金の置き場所」についてお話ししてまいりました。

投資はオン・オフで考えられる人が多いと思います。始めるかどうか、いつやめるべきか、のように。しかし本当はオン・オフ、またはゼロ・イチで投資を考える必要などないのです。

皆さんがお持ちの大切なお金を「どこに置いておきますか？」という柔らかい感覚で考えていただいた方が、投資に対してスッキリと腹落ちするのではないでしょうか。

多くの場合、お金は銀行預金として保有されていると思います。しかし「それだけで本当に大丈夫でしょうか？」というのが本書の第一の問いかけです。

増えることを期待できない、銀行業そのものにリスクがある、なにより物価上昇についていけないなど、平成バブル期以前では考えられないようなパラダイムシフトが起こったわけですが、他方で、銀行は安全、投資は怖いといった常識もまだ残っているように思われます。
だからこそ「預金と投資、どっち論」ではなく、お金の置き場所という視点を持っていただきたいと思うのです。

具体的なお話をすると、決済性の高い部分（当座の資金）は銀行に置き、じっくり増やしていきたい部分は投資にまわす、という考えが理想です。時間をかけて預金から投資にお金をシフトさせていき、また老後も使う分だけ投資から引き出していくのが、無理なく投資を始め、また投資と永く付き合っていく方法でしょう。特に老後の部分、すぐに必要としないお金については世界の経済成長に乗せておく、というのが、まさにお金の置き場所の話です。
これが「お金を働かせよう」、つまり私たちの言う「投資」の本質です。

では、投資とは何なのか、どういう心構えが必要なのか…それが本書で伝えたい第二の問いかけとなります。

50代は若い世代に比べて人生の時間が少なくなっている分、逆に今後の仕事や家族など見えている部分が多いのです。そこに、これまで生きてきた経験を重ねていくと「どういった投資スタンスが自分に合うのか」ということがクッキリ見えてくるはずです。若いころに抱いた野心的な夢や漠然とした不安ではなく、将来像や今なすべきことの輪郭がしっかりしているのです。

「どう生きたいか」という人生の軸を持てば、やるべきことはおのずと見えてきます。セミナーでは時間の関係で語れないことについても、この本にたくさんつめこんだつもりです。人生の後半をいかに生きるのか、考えるきっかけとなれば、著者としてこんなに嬉しいことはありません。

〈著者プロフィール〉

澤上 龍（さわかみ・りょう）

1975年千葉県生まれ。

2000年5月にさわかみ投信株式会社に入社後、ファンドマネージャー、取締役などを経て2012年に離職。2010年に株式会社ソーシャルキャピタル・プロダクションを創業、2012年に関連会社の経営再建を実行し、2013年にさわかみ投信株式会社に復職、同年1月に代表取締役社長に就任。

現在は、「長期投資とは未来づくりに参加すること」を信念に、その概念を世の中に根付かせるべく全国を奔走中。起業や経営の支援の傍らコラム執筆や講演活動も行う。

著書に『理想の投資と結婚する方法』『儲けない勇気 さわかみ投信の軌跡』（幻冬舎）がある。

50歳から成功する長期投資
65歳でプラス3000万円

2024年4月25日　第1刷発行

著　者　澤上 龍
発行人　見城 徹
編集人　福島広司
編集者　真鍋 文

GENTOSHA

発行所　株式会社 幻冬舎
〒151-0051　東京都渋谷区千駄ヶ谷4-9-7
電話　03(5411)6211(編集)
03(5411)6222(営業)
公式HP：https://www.gentosha.co.jp/
印刷・製本所　株式会社 光邦

検印廃止

ISBN978-4-344-04266-7　C0033

この本に関するご意見・ご感想は、
下記アンケートフォームからお寄せください。
https://www.gentosha.co.jp/e/